D1734877

ZEN IN DER KUNST
DES KAMPFLOSEN KAMPFES

MEISTER TAKUAN

ZEN IN DER KUNST DES KAMPFLOSEN KAMPFES

Herausgegeben von
William Scott Wilson

Aus dem Englischen von
Jochen Lehner

O. W. BARTH

Die Originalausgabe erschien unter dem Titel
«The Unfettered Mind»
bei Kodansha International Ltd., Tokyo, Japan

www.fischerverlage.de

Erschienen bei O. W. Barth, ein Verlag der
S. Fischer Verlag GmbH, Frankfurt am Main
© 1986 by Kodansha International Ltd.
Für die deutschsprachige Ausgabe:
© S. Fischer Verlag GmbH, Frankfurt am Main, 1993/2008
Gesamtherstellung: Ebner & Spiegel, Ulm
Printed in Germany

ISBN 978-3-502-61192-9

INHALT

VORWORT DES HERAUSGEBERS

Um das Schwert, das wir Abendländer zu Pflug-
scharen zu machen gehalten sind, aber auch um
die richtige Technik und innere Haltung beim
Schwertkampf geht es in den hier vorgelegten drei
Schriften. Autor dieser Schriften, zwei davon sind
Briefe an Meister der Schwertkunst, ist Takuan
Sōhō, ein Zen-Mönch, der sein Leben der Erleuchtung und Erlösung aller Lebewesen zu widmen ge-
lobt hatte. Was ein Priester des Buddhismus mit
einer todbringenden Waffe zu tun hat und wie er
dazu kommt, Ratschläge für ihre wirksamste Handhabung zu erteilen, dürfte für den westlichen Leser
nicht ohne weiteres ersichtlich sein.

Schwert und Geist stehen für den Japaner seit je-
her in enger Beziehung zueinander. In Geschichte
und Mythologie erscheint das Schwert als Instru-
ment des Lebens und des Todes, der Reinheit und
Ehre, der Autorität, ja sogar des Göttlichen. Der Besitz des Eisenschwertes ermöglichte im zweiten und
dritten Jahrhundert n. Chr. die Eroberung der In-
seln vom asiatischen Festland aus, und der Erfolg
dieses Unterwerfungsfeldzuges erhob das Schwert
zum Zeremonialgegenstand und Siegeszeichen.
Der Mythos dagegen erzählt von einem Schwert,
das in einer vom Sturmgott getöteten drachenarti-

gen Schlange namens Yamata no Orochi gefunden wurde und eines der Insignien der Kaiserwürde werden sollte, ein jetzt seit fast zweitausend Jahren von den Japanern verehrtes Symbol der Macht und Reinheit. In der Gestalt des Samurai schließlich gewann diese innige Verknüpfung von Schwert und Geist konkrete Form, und viele der bleibenden Wertvorstellungen Japans haben hier ihren Ursprung.

Dieser Verknüpfung geschah auch dadurch kein Abbruch, daß die Samurai sich vor gut einhundert Jahren anderen Beschäftigungen zuwandten. Das Schmieden von Schwertern ist selten geworden, doch selbst heute noch geschieht es in einer Atmosphäre von spiritueller Dichte. Der handwerklichen Arbeit gehen Reinigungszeremonien und Gebete an die Gottheiten der Schwertschmiedekunst voraus; wichtig ist während des gesamten Arbeitsprozesses, eine innere Haltung von Andacht und Ehrfurcht zu wahren, was auch darin zum Ausdruck kommt, daß die ganze Zeit über Zeremonialgewänder getragen werden. Vom Besitzer des Schwertes wird erwartet, daß er das Glück, welches ihm zuteil wird, in rechter Weise würdigt: Wenn ein japanischer Geschäftsmann die Muße findet, sein Schwert aus seiner Tuchhülle zu nehmen, es aus der Scheide zu ziehen und mit einer leichten Puderschicht vor Rost zu schützen, so wird das als Meditationsübung angesehen und nicht als das müßige Bestaunen eines Kunstwerkes.

Das Schwert, die spirituelle Übung und der ungebundene Geist – das sind die Angelpunkte der drei hier vorgelegten Arbeiten. Durch eifriges Bemühen und Geduld sollen sie eins werden. Wir müssen üben, üben, und alles, was sich uns bietet, kann Gegenstand der Übung sein – bis der eigentliche Gegner, unser Zorn, unser Zaudern und unsere Gier, mit der Schnelligkeit und Endgültigkeit eines Schwertstreichs niedergestreckt wird.

Es gibt etliche Ausgaben der in diesem Buch enthaltenen Werke, doch sie weisen offenbar keine nennenswerten Abweichungen auf. Meine Übersetzung geht von den im *Nihon no Zen Goroku*, Band 13, enthaltenen Texten aus, die wiederum auf dem vom Takuan Oshō Zenshū Kanko Kai veröffentlichten *Takuan Oshō Zenshū* basieren.

Mein aufrichtiger Dank gilt Ms. Agnes Youngblood, die mir an den Stellen half, mit denen ich besondere Schwierigkeiten hatte; John Siscoe für Zuspruch und hilfreiche Vorschläge; und Prof. Jay Rubin und Teruko Chin von der University of Washington, die mich über Tausende von Meilen und knöcheltiefen Schnee hinweg mit Hintergrundmaterial versorgten. Fehler gehen ausschließlich zu meinen Lasten.

William Scott Wilson

EINLEITUNG

Takuan Sōhō war nicht nur ein bedeutender Zen-Meister, sondern galt auch auf vielen anderen Gebieten als Meister: Schriftkunst, Malerei, Dichtung, Gartenbau und Tee-Weg; vielleicht geht auch der in Salz und Kleie eingelegte Rettich, der seinen Namen trägt und in Zen-Klöstern zur täglichen Nahrung gehört, auf ihn zurück. Seine Schriften füllen sechs Bände und bieten den Japanern heute wie vor dreihundert Jahren Anleitung und Inspiration. Als Berater und Vertrauter von Menschen aller Ränge scheint er sich frei in fast allen Schichten der Gesellschaft bewegt zu haben; er unterrichtete den Shōgun und den Kaiser, und der Legende zufolge war er Freund und Lehrer des Schwertfechters und Künstlers Miyamoto Musashi. Ruhm und Popularität ließen ihn offenbar unberührt, und als er den Tod nahen fühlte, gab er seinen Schülern die Anweisung: «Begrabt meinen Körper auf dem Berg hinter dem Tempel; bedeckt ihn einfach mit Erde und geht heim. Lest keine Sūtras, haltet keine Zeremonien ab. Nehmt weder von Mönchen noch von Laien Gaben an. Die Mönche sollen ihre Gewänder tragen, ihre Mahlzeiten zu sich nehmen und alles so tun wie an normalen Tagen.» Mit seinem letzten Atemzug schrieb er das chinesische Schriftzeichen für das japanische Wort *Yume* («Traum»), legte den Pinsel nieder und starb.

Takuan wurde im Jahre 1573 in dem Dorf Izushi in der Provinz Tajima geboren, in einer Gegend, die für ihren tiefen Schnee und ihre dunstverhangenen Berge bekannt ist. Izushi ist so alt, daß es in den beiden frühen Geschichtswerken, dem *Kojiki* (712 n. Chr.) und dem *Nihon-gi* (720 n. Chr.), erwähnt wird, und in der Gegend um das Dorf finden sich zahlreiche Zeugnisse noch früherer Zeiten, unter anderem Grabhügel und sehr alte Tonscherben. Takuan, der auf dem Höhepunkt einer Zeit heftiger innerer Auseinandersetzungen geboren wurde, trat mit zehn Jahren ins Kloster ein, um sich zunächst dem Jōdo-Buddhismus und mit vierzehn Jahren dann dem Rinzai-Zen zu widmen. Im ungewöhnlich frühen Alter von fünfunddreißig Jahren wurde er Abt des Daitokuji, eines bedeutenden Zen-Klosters in Kyōto.

1629 spielte Takuan eine Rolle in der sogenannten Purpurroben-Affäre; er wandte sich gegen die Entscheidung des Shōgun, dem Kaiser die Entscheidungsgewalt über die Besetzung der höheren priesterlichen Ränge und Ämter zu nehmen. Dafür wurde Takuan in die heutige Yamagata-Präfektur verbannt, und in diesem fernen Nordland verfaßte er die erste und die letzte der in diesem Buch enthaltenen Schriften. Eine Generalamnestie nach dem Tod des Shōgun kam auch ihm zugute, und so kehrte er im Jahre 1632 nach Kyōto zurück. In den folgenden Jahren wurde er ein Freund des abgedankten, aber sehr einflußreichen Kaisers Go-

Mizunoo, den er auch im Zen unterwies. Auch der neue Shōgun, Tokugawa Iemitsu, war sehr beeindruckt von ihm und suchte seine Freundschaft, und auf Geheiß dieses Shōgun gründete Takuan im Jahre 1638 das Kloster Tōkaiji. Beiden Seiten freundschaftlich verbunden, verstand er es stets, sich aus all den Streitigkeiten, die zwischen dem Shōgunat und dem Chrysanthementhron an der Tagesordnung waren, herauszuhalten.

Gegen Ende seines Lebens soll Takuan seinen ganz eigenen, manchmal exzentrischen, manchmal bitteren Weg gegangen sein. Seine Kraft und seine Kantigkeit sind in seinen Kalligraphien und Gemälden und in den folgenden Schriften erfahrbar – und vielleicht können wir uns sogar durch einen Bissen Takuanzuke, den eingelegten japanischen Riesenrettich, einen Geschmack vom Charakter dieses Mannes verschaffen.

Sein Leben ist wohl in seinen eigenen mahnenden Worten am bündigsten zusammengefaßt: «Folgt Ihr der heutigen Welt, so werdet Ihr dem Weg den Rücken kehren; möchtet Ihr dem Weg nicht den Rücken kehren, so folgt nicht der heutigen Welt.»

Man sagt von Takuan, er habe alles, was sein Interesse fand – sei es Kalligraphie, Poesie, Gartenbau oder die Künste überhaupt –, mit dem Geist des Zen zu erfüllen getrachtet. So war es auch mit der Schwertkunst. In einer Zeit gewalttätiger Feudalstreitigkeiten, die in der Schlacht von Sekigahara (1600) ihren Höhepunkt erreichten, war Takuan nicht nur mit der Gelassenheit und Erhabenheit des

Künstlers und Teemeister vertraut, sondern auch mit Sieg und Niederlage der Krieger und Generäle. Unter diesen letzteren waren so verschiedene Gestalten wie der mächtige General Ishida Mitsunari, der den Shōgun Toyotomi Hideyoshi unterstützte, der christliche Daimyō Kuroda Nagamasa, der zum Drahtzieher für Mitsunaris Sturz wurde, und vor allem Takuans Freund Yagyū Munenori, Haupt der Yagyū-Shinkage-Schule der Schwertkunst und Lehrer zweier Generationen von Shōgunen. Auch an solche Männer und solche Zeiten richtete Takuan das Wort.

Zwei der drei hier übersetzten Arbeiten sind Briefe: *Fudōchishinmyōroku*, «Die geheimnisvolle Aufzeichnung von der bewegungslosen Weisheit», an Yagyū Munenori geschrieben, und *Taiaki*, «Annalen des Schwertes Taia», vielleicht an Munenori geschrieben, möglicherweise aber auch an Ono Tadaaki, Oberhaupt der Ittō-Schule der Schwertkunst und Lehrer der Familie und der engen Gefolgsleute des Shōgun. Wir wissen nicht genau, unter welchen Umständen diese Briefe zustande kamen, doch die freimütigen Ratschläge und konfuzianisch anmutenden Ermahnungen am Schluß von *Fudōchishinmyōroku* stellen gewiß eine interessante, wenn auch etwas rätselhafte Seite des Werkes dar.

Alle drei Werke wenden sich an die Samurai-Klasse und suchen den Zen-Geist mit dem Geist des Schwertes zu vereinigen – und so erstrecken sich die Ratschläge nicht nur auf die praktischen und technischen, sondern auch auf die philosophischen Aspekte des Kämpfens. Um die einzelnen Werke grob zu charakterisieren: *Fudōchishinmyōroku* handelt nicht nur von der Technik, sondern zeigt auch auf, in welcher Beziehung Ich und wahres Wesen beim Kampf zueinander stehen und wie ein Mensch seine grundlegende Ganzheit realisieren kann. *Taiaki* befaßt sich mehr mit den psychologischen Aspekten der Beziehung zwischen dem Ich und dem anderen. *Reirōshū*, «Der klare Juwelenlaut», zwischen diesen beiden Schriften angeordnet, handelt von der grundlegenden Natur des Menschen und legt dar, wie der Schwertkämpfer oder Daimyō oder irgendein Mensch den Unterschied zwischen rechtem Handeln und bloßer Selbstsucht erkennen und die Grundfrage des rechten Sterbens zum rechten Zeitpunkt lösen kann.

Alle drei Schriften lenken den Menschen zur Erkenntnis seiner selbst und damit zur Kunst des Lebens hin.

Das Zen hatte sich in Japan gegen Ende des zwölften Jahrhunderts fest etabliert, und zu Takuans Zeit verstand sich die Schwertkunst schon längst als eine Verknüpfung der bloßen Technik mit der meditativen Grundhaltung des Zen. Mit Takuan wuchsen diese beiden Aspekte wahrhaft zusammen, und seine Schriften waren von entscheidender Bedeutung für die Richtung, welche die Schwertkunst seither und bis heute genommen hat – denn diese Kunst wird heute noch mit glühendem Eifer geübt, und sehr viel vom japanischen Lebensgefühl wird an ihr sichtbar. In Takuans Schriften ist die Einheit von Zen und Schwert ein für allemal aufgezeigt; die Schriften anderer Meister orientierten sich an ihnen, und so besitzen wir heute eine ganze Reihe von Werken, die nach wie vor gelesen und angewandt werden, zum Beispiel Yagyū Munenoris *Heihō Kadensho* oder Miyamoto Musashis *Gorin no Sho* («Buch der fünf Ringe»). Vom Stil her unterscheiden sich diese Werke, doch mit ihren Einsichten erreichen sie letztlich alle die gleiche Höhe, ob sie nun wie bei Musashi als «Reinheit und Spontaneität» oder wie bei Munenori als «der gewöhnliche Geist, der keine Regeln kennt» oder als Takuans «ungebundener Geist» zum Ausdruck kommt.

Takuan ging es letztlich nie um Tod und Untergang, sondern um Erleuchtung und Erlösung: Kampf, «recht» verstanden, schenkt nicht nur Leben, sondern schenkt es überreich.

FUDŌCHISHINMYŌROKU

DIE GEHEIMNISVOLLE AUFZEICHNUNG VON DER BEWEGUNGSLOSEN WEISHEIT

Die Plage des Verweilens in der Unwissenheit

Der Ausdruck *Unwissenheit* meint das Nichtvorhandensein der Erleuchtung, mithin Verblendung.

Ort des Verweilens meint den Ort, wo der Geist anhält.

Es heißt, in der Übung des Buddhismus gebe es zweiundfünfzig Stufen, und wo der Geist innerhalb dieser zweiundfünfzig Stufen haltmacht, da spricht man von einem Ort des Verweilens. Verweilen bedeutet anhalten, und *anhalten* besagt, daß der Geist von etwas, von irgendeiner Sache, angehalten oder festgehalten wird.

Um in den Begriffen Eurer Kampfkunst zu sprechen: Wenn Ihr in dem Augenblick, da Ihr das Schwert bemerkt, welches Euch treffen will, auch nur mit einem Gedanken daran denkt, dem Schwert da zu begegnen, wo es eben jetzt gerade ist, so wird Euer Geist bei ihm haltmachen in eben dieser Position, Eure eigenen Bewegungen werden unterbunden, und Euer Gegner wird Euch niederstrecken. Das ist mit *anhalten* gemeint.

Wenn aber in dem Augenblick, da Ihr das Schwert seht, welches Euch treffen will, Euer Geist nicht von ihm festgehalten wird und Ihr im Rhythmus des heransausenden Schwertes bleibt; wenn Ihr nicht daran denkt, Euren Gegner zu treffen, und wenn keine Gedanken und Urteile bleiben; wenn in dem Augenblick, da Ihr das heransausende Schwert seht, Euer Geist nicht im geringsten festgehalten wird und Ihr augenblicklich handelt und dem Gegner das Schwert entwindet – so wird das Schwert, das Euch niederstrecken sollte, Euer werden, und wird nun das Schwert sein, das Euren Gegner niederstreckt.

Im Zen nennt man das «den Speer packen und den Mann aufspießen, der dich aufspießen wollte». Der Speer ist eine Waffe. Hier geht es letztlich darum, daß das Schwert, welches Ihr dem Widersacher entwindet, ein Schwert wird, das ihn niederstreckt. Das ist es, was Ihr in Eurer Sprache «Nicht-Schwert» nennt.

Wenn Euer Geist – sei es durch den Streich des Feindes oder Euren eigenen Stoß, sei es durch den Mann, der den Hieb führt, oder durch das sausende Schwert, sei es durch Position oder Rhythmus – in irgendeiner Weise abgelenkt wird, so stockt Euer Handeln, und das kann bedeuten, daß Ihr erschlagen werdet.

Stellt Ihr Euch dem Feind gegenüber, so wird Euer Geist von ihm gefesselt. Ihr solltet Euren Geist nicht in Euch selbst festhalten, das tut man nur am Beginn der Schulung, wenn man noch ein Anfänger ist. Der Geist kann auch vom Schwert gefesselt werden. Wenn Ihr Euren Geist in den Rhythmus des Kampfes legt, so kann er auch davon gefesselt werden. Und wenn Ihr Euren Geist in Euer eigenes Schwert legt, so kann er von Eurem eigenen Schwert gefesselt werden. Sobald Euer Geist bei irgend etwas haltmacht, seid Ihr eine leere Schale. Ihr erinnert Euch gewiß selbst an solche Situationen. Sie sind im Buddhismus von gleicher Bedeutung.

Im Buddhismus nennen wir dieses Haltmachen des Geistes *Verblendung*. Und so sprechen wir von der «Plage des Verweilens in der Unwissenheit».

Die bewegungslose Weisheit aller Buddhas

Bewegungslos heißt nicht zu bewegen.

Weisheit meint die Weisheit der Einsicht.

Wenn die Weisheit auch bewegungslos genannt wird, so ist damit doch kein fühlloses Ding wie Holz oder Stein gemeint. Sie bewegt sich, wie der Geist sich bewegen mag: vor oder zurück, nach links, nach rechts, in die zehn Richtungen und zu den acht Punkten; und der Geist, der nicht haltmacht, wird *bewegungslose Weisheit* genannt.

Fudō Myōō faßt ein Schwert mit der Rechten und hält ein Seil in der Linken.[1] Er bleckt die Zähne, und die Augen funkeln vor Zorn. Fest ist sein Stand, und so ist er bereit, die bösen Geister zu unterwerfen, die sich dem buddhistischen Gesetz entgegenstellen möchten. Es ist unverborgen überall, in jedem Land. Er hat die Gestalt eines Beschützers des Buddhismus, und er verkörpert die bewegungslose Weisheit. In ihm wird sie allen Lebewesen gezeigt.

Sieht ein gewöhnlicher Mensch diese Gestalt, so fürchtet er sich und wagt nicht einmal zu denken, ein Feind des Buddhismus zu sein. Wer der Erleuchtung nahe ist, der versteht, daß hier die bewegungslose Weisheit manifestiert ist und alle Verblendung bereinigt. Wer aber diese bewegungslose Weisheit selbst offenkundig machen kann und diesen geistigen Dharma so gut verkörpert wie Fudō Myōō, für den werden die bösen Geister sich nicht länger vermehren. Dies ist es, was Fudō Myōō uns mitzuteilen hat.

Was man Fudō Myōō nennt, das ist der eigene bewegungslose Geist und der nicht-zaudernde Körper. *Nicht-zaudernd* heißt, nicht von irgend etwas angehalten zu werden.

Etwas erblicken und den Geist nicht anhalten, das nennt man *bewegungslos.* Denn wenn der Geist bei etwas haltmacht und allerlei Urteile die Brust erfüllen, entstehen Bewegungen in ihm. Enden diese Bewegungen, so bewegt sich der angehaltene Geist und bewegt sich doch nicht.

Wenn zehn Männer mit Schwertern um sich hauend auf Euch losgehen und Ihr jedes Schwert pariert, ohne den Geist bei irgendeiner Aktion verweilen zu lassen, wenn Ihr so von einem zum nächsten geht, wird es Euch für jeden einzelnen der Zehn nicht am richtigen Handeln mangeln.

Wenn der Geist auch zehnmal gegen zehn Männer tätig werden muß – wenn er nur bei keinem von ihnen haltmacht und Ihr einem nach dem anderen begegnet, wird es Euch dann wohl am richtigen Handeln mangeln?

Macht jedoch Euer Geist halt vor einem dieser zehn Männer, so mögt Ihr wohl seinen Streich noch parieren, doch wenn der nächste kommt, ist das richtige Handeln Euch entglitten.

Denken wir an die Tausendarmige Kannon, die

eintausend Arme an ihrem einen Körper hat: Wenn der Geist bei dem einen verweilt, der einen Bogen hält, so sind die anderen neunhundertneunundneunzig nutzlos.[2] Nützlich sind all die Arme nur, wenn der Geist an keiner Stelle festgehalten wird.

Was aber Kannon selbst angeht – zu welchem Zweck hat sie wohl tausend Arme an dem einen Körper? Diese Gestalt soll den Menschen deutlich machen, daß sie ihre bewegungslose Weisheit nicht fahrenlassen dürfen, denn dann, mag ein Körper auch tausend Arme haben, wird nicht einer dieser Arme von Nutzen sein.

Wenn Ihr einen Baum anschaut und ein einziges seiner roten Blätter betrachtet, werdet Ihr die anderen überhaupt nicht sehen. Wenn aber das Auge sich an keines der Blätter heftet und Ihr den Baum betrachtet, ohne irgend etwas im Sinn zu haben, so sind Blätter ohne Zahl dem Auge sichtbar. Nimmt aber ein einziges Blatt das Auge gefangen, so ist es, als wären die übrigen Blätter nicht da.

Einer, der das erfaßt hat, ist nicht verschieden von der Kannon mit den tausend Armen und den tausend Augen.

Der gewöhnliche Mensch glaubt einfach an die Segenskraft ihrer tausend Arme und tausend Augen. Der Mensch von halbem Wissen denkt sich, es könne wohl kaum sein, daß jemand tausend Arme und tausend Augen hat, und nennt es eine Lüge und spricht verächtlich darüber. Versteht aber einer ein wenig besser, so wird er von achtungsvollem Glauben sein, der auf einem Verständnis des Prinzips beruht, und er wird weder den einfältigen Glauben des gewöhnlichen Menschen noch die verächtliche Rede des anderen brauchen; er wird begreifen, daß der Buddhismus sein Prinzip in dieser einen Gestalt sehr treffend darstellt.

Alle Religionen sind so. Ich habe gesehen, daß Shintō in besonderer Weise so ist.

Der gewöhnliche Mensch denkt nur an der Oberfläche. Der Mensch, der den Buddhismus angreift, ist noch schlimmer.

Diese Religion, jene Religion – sie sind von verschiedener Art, doch im Grunde laufen sie alle auf dieses eine hinaus.

Jedenfalls ist es so, daß einer, der sich schult und vom Terrain des Anfängers zur bewegungslosen Weisheit voranschreitet, einen Rückschlag erlebt und auf die Stufe des Verweilens zurückfällt.

Dafür gibt es einen Grund.

Dies können wir wiederum an Eurer Kampfkunst verdeutlichen. Da der Anfänger nichts über seine Körperhaltung oder die Haltung des Schwertes weiß, verweilt auch der Geist bei nichts, was in ihm ist. Führt jemand einen Streich mit dem Schwert gegen ihn, so begegnet er dem Angriff einfach, ohne irgend etwas im Sinn zu haben.

Wenn er nun verschiedene Dinge studiert und übt und man ihn lehrt, wie man eine Stellung einnimmt, wie man das Schwert hält und wo sein Geist sein soll, so wird sein Geist an vielen Stellen haltmachen. Wenn er nun wider seinen Gegner einen Streich führen möchte, so ist er in arger Verlegenheit. Später, wenn die Tage vergehen und die Zeit sich ansammelt, wird die Übung dazu führen, daß er die Haltung des Körpers und des Schwertes nicht mehr eigens erwägen muß. Sein Geist wird wieder so, wie er am Anfang war, als er noch nichts wußte und alles erst noch lernen mußte.

Hierin sieht man, was es heißt, daß der Anfang dem Ende gleicht – wie wenn man von eins bis zehn zählt und die erste und letzte Zahl einander verwandt sind.

So ist es auch in anderen Dingen, zum Beispiel bei der Tonhöhe in der Musik: Wenn man vom tiefsten Anfangston zum abschließenden höchsten Ton[3] fortschreitet, sind der tiefste und der höchste einander verwandt.

Wir sagen, daß das Höchste und das Niedrigste einander ähneln. Im Buddhismus, wenn man seine ganze Tiefe auslotet, ist es wie bei einem Mann, der weder von Buddha noch vom buddhistischen Gesetz etwas weiß. Da ist kein schmückendes Beiwerk oder irgend etwas anderes, das die Aufmerksamkeit der Menschen anziehen würde.

Die Unwissenheit des Anfangs und die bewegungslose Weisheit, die später kommt, werden eins. Das Wirken des Verstandes verschwindet, und man erreicht schließlich einen Zustand von Nicht-Geist-Nicht-Denken. Gelangt man an den tiefsten Punkt, so wissen Arme, Beine und der Körper, was zu tun ist, doch der Geist hat keinen Anteil mehr daran.

Der buddhistische Priester Bukkoku[4] schrieb:

Sie weiß nichts von Bewachen,
und doch steht nicht umsonst die Vogelscheuche
auf den kleinen Bergfeldern.

In allem ist es so wie hier.

Als Vogelscheuche für die Bergfelder fertigt man etwas von menschlicher Gestalt an und gibt ihm Bogen und Pfeile in die Hand. Vögel und andere Tiere sehen die Gestalt und fliehen. Geist besitzt sie nicht im mindesten, aber wenn die Hirsche erschrecken und fortlaufen, tut sie ihren Dienst und wurde nicht umsonst gemacht.

Dies ist ein Beispiel für das Verhalten von Menschen, welche die Tiefe irgendeines Weges erreicht haben. Während Hände, Füße und Körper sich regen, macht der Geist nirgends halt, und man weiß nicht, wo er ist. Im Zustand von Nicht-Geist-Nicht-Denken hat man die Ebene der Vogelscheuche auf den Bergfeldern erreicht.

Vom gemeinen Mann, der seinen Pfad nicht gefunden hat, können wir sagen, daß er von Anfang an keine Weisheit hatte und daß sie sich niemals zeigen wird, wie die Umstände auch sein mögen. Die Weisheit, die das Höchste ist und sich am entlegensten Ort befindet, zeigt sich einfach nicht. Der Neunmalkluge verbreitet reines Kopfwissen, und das ist lachhaft. Die ganze Wohlgesetztheit der heutigen Priester kann man wohl in dieser Weise betrachten. Es ist beschämend.

Es gibt so etwas wie die Schulung im Grundsätzlichen und ebenfalls so etwas wie die Schulung in der Technik.

Das Grundsätzliche ist, wie ich bereits erklärt habe: Erreicht man es, so ist da nichts zu bemerken. Es ist einfach so, als hätte man alle gerichtete Aufmerksamkeit abgelegt. Ich habe darüber ausführlich geschrieben.

Schult Ihr Euch nicht in der Technik, sondern füllt die Brust nur mit dem Grundsätzlichen, so finden Körper und Hände nicht ihr richtiges Wirken. Die Schulung in der Technik, wenn wir sie unter dem Gesichtspunkt Eurer Kampfkunst betrachten, besteht in unaufhörlichem Üben, bis die fünf Körperhaltungen eins geworden sind.

Auch wenn Ihr also das Grundsätzliche kennt, müßt Ihr vollkommene Freiheit gewinnen in der Anwendung der Technik. Und wenn Ihr auch das Schwert, das Ihr bei Euch tragt, gut zu handhaben versteht, werdet Ihr es wohl doch nicht zu wahrer Könnerschaft bringen, wenn Ihr Euch über die tiefsten Aspekte des Grundsätzlichen nicht im klaren seid.

Die Technik und das Grundsätzlich sind wie die zwei Räder eines Karrens.

Der Zwischenraum, in den nicht einmal ein Haar eindringen kann

Es gibt so etwas wie einen Zwischenraum, in den nicht einmal ein Haar eindringen kann. Wir können unter dem Gesichtspunkt Eurer Kampfkunst darüber sprechen.

«Zwischenraum» – das ist, wenn zwei Dinge so

aneinander grenzen, daß nicht einmal die Dicke eines Haares zwischen ihnen Platz findet.

Wenn Ihr in die Hände klatscht und zugleich einen Schrei ausstoßt, so läßt der Raum zwischen Klatschen und Schrei kein Eindringen von Haaresbreite zu.

Ihr klatscht nicht in die Hände und denkt dabei an einen Schrei und stoßt ihn dann aus – da würde es einen Zwischenraum geben. Ihr klatscht und schreit im selben Augenblick.

So ist es auch, wenn Euer Geist bei dem Schwert verweilt, mit dem ein Mann Euch zu treffen versucht: Es entsteht ein Zwischenraum, und Euer eigenes Handeln ist vereitelt. Wenn aber in den Zwischenraum zwischen dem Streich des Gegners und Eurem eigenen Handeln nicht einmal ein Haar eindringen kann, so kann das Schwert Eures Gegners Euer werden.

Im Zen-Austausch haben wir das gleiche. Im Buddhismus haben wir vor allem dieses Anhalten zu fürchten, das Verweilen des Geistes bei diesem oder jenem. Dieses Anhalten bezeichnen wir als eine *Plage*.

Wie ein Ball auf geschwind strömendem Wasser – nichts achten wir mehr als den Geist, der so dahinströmt und nirgends auch nur für einen Augenblick verweilt.

Es gibt so etwas wie das Wirken von Funken und
Stein. Damit hat es die gleiche Bewandtnis wie mit
dem eben Gesagten. Kaum habt Ihr den Stein angeschlagen, da fliegt auch schon der Funke. Da der
Funke erscheint, sobald Ihr den Stein anschlagt, gibt
es hier keinen Zwischenraum, keinen noch so kleinen Spalt. Auch damit bezeichnen wir das Fehlen
eines Zwischenraums, der ein Haltmachen des Geistes bedeuten würde.

Es wäre falsch, dies einfach als Schnelligkeit zu
verstehen. Hier wird vielmehr unterstrichen, daß
der Geist nicht von Dingen festgehalten werden
darf; sogar bei der Schnelligkeit kommt es darauf
an, daß der Geist sich nicht bei ihr aufhält. Wenn der
Geist anhält, wird er vom Gegner gepackt. Faßt der
Geist den Gedanken, schnell zu sein, so wird er,
mag er noch so schnell sein, von seiner eigenen
Überlegung gefesselt.

Unter den Gedichten Saigyōs findet sich das fol-
gende:

> Man hört euch allenfalls
>   als weltabgewandten Mann genannt.
> Ich hoffe nur,
>   Euer Geist wird nicht aufgehalten
>   von diesem Quartier der Vergänglichkeit.

Dieses Gedicht, sagt er, stamme von der Kurtisane
von Eguchi.[5]

Wenn Ihr den zweiten Teil des Verses betrachtet,

«Ich hoffe nur, Euer Geist wird nicht aufgehalten», so ist dies der Ausdruck, der das Wesen der Kampfkünste trifft. Das der Geist nicht aufgehalten wird, das ist entscheidend.

Im Zen, wenn gefragt wird: «Was ist der Buddha?», erhebt man augenblicklich die geballte Faust. Und wird man gefragt: «Was ist der unübertreffliche Sinn des buddhistischen Gesetzes?», so erwidert man, bevor die Worte verklungen sind: «Ein einzelner Blütenzweig am Pflaumenbaum», oder: «Die Zypresse im Garten.»

Es geht nicht darum, unter guten und schlechten Antworten eine auszuwählen. Wir achten den Geist, der nirgends haltmacht. Der nicht-anhaltende Geist wird weder von Farbe noch von Geruch bewegt.

Der bewegungslose Geist wird als Gott verehrt, als Buddha geachtet, man nennt ihn Zen-Geist oder unübertrefflicher Sinn; durchdenkt man jedoch die Dinge und spricht dann erst, so ist es bloß die Plage des Verweilens.

Kann man nicht sagen, das Wirken von Stein und Funken habe die Schnelligkeit des Blitzes?

Bewegungslose Weisheit, das ist, wenn man gerufen wird und augenblicklich «Ja?» antwortet. Erst über das Warum und Wozu des Rufes zu sinnen, das ist die Plage des Verweilens.

Der Geist, der haltmacht oder von etwas bewegt wird und in Verwirrung gerät – das ist die Plage des Verweilens und das ist der gewöhnliche Mensch. Auf einen Ruf ohne Zwischenraum zu antworten – das ist die Weisheit aller Buddhas.

Der Buddha und die Lebewesen sind nicht-zwei. Solch einen Geist nennt man Gott oder Buddha.

Es gibt wohl viele Wege – den Weg der Götter, den Weg der Poesie, den Weg des K'ung-tzu –, doch die Klarheit dieses einen Geistes ist ihnen gemeinsam.

Wenn wir den Geist mit Worten umschreiben wollen, sagen wir etwa: «Alle Menschen sind mit diesem Geist begabt», oder: «Gute und schlechte Ereignisse oder Morgen und Abend sind dem Karma gemäß», oder: «Ob einer sein Haus verläßt oder Unheil über sein Land bringt, hängt von seinem Charakter ab, denn Gut und Böse sind Ausdruck des Geistes.» Wer wissen will, was es mit diesem Geist auf sich hat, wird nur Verwirrung finden, wenn nicht ein wahrhaft Erleuchteter ihn anleitet.

Es gibt in dieser Welt gewiß Menschen, die den Geist nicht kennen. Doch ebenso gewiß gibt es, wenn auch selten, Menschen, die ihn verstehen. Und wenn es gelegentlich einen gibt, der versteht, so geschieht es nicht oft, daß er auch entsprechend handelt; dann mag er den Geist wohl recht gut erklären, aber es ist zweifelhaft, ob er ihn in der Tiefe erfaßt hat.

Man kann Wasser erklären, aber davon wird es im Mund nicht naß. Man kann die Natur des Feuers erschöpfend darlegen, aber davon wird es im Mund nicht heiß.

Ohne die Berührung mit wirklichem Wasser, wirklichem Feuer kann man diese Dinge nicht kennen. Selbst ein Buch ist durch Erklärung nicht verständlich zu machen. Speisen mag man genau beschreiben, doch das stillt den Hunger nicht.

Man wird kaum durch die Erklärungen eines anderen zu einem Verstehen kommen.

In dieser Welt gibt es Buddhisten und Konfuzianer, die den Geist erklären, aber nicht so handeln, wie sie sprechen. Der Geist solcher Menschen ist nicht wahrhaft erleuchtet. Wenn die Menschen nicht tief erleuchtet sind, was ihren eigenen Geist angeht, so besitzen sie kein Verstehen.

Viele, die sich schulen, erfassen den Geist nicht, und unter denen, wie viele es auch sein mögen, ist nicht einer, der von guter Geistesverfassung wäre. Hier ist zu sagen, daß die Erleuchtung des Geistes von der Tiefe des Bemühens abhängt.

Wohin man den Geist legt

Wir sagen:

Wenn einer seinen Geist in die körperlichen Aktionen seines Gegners legt, wird sein Geist von den körperlichen Aktionen seines Gegners gefesselt.[6]

Legt er seinen Geist in das Schwert des Gegners, wird sein Geist von diesem Schwert gefesselt.

Legt er seinen Geist in den Gedanken, daß der Gegner ihn zu treffen beabsichtigt, wird sein Geist von dem Gedanken gefesselt, daß der Gegner ihn zu treffen beabsichtigt.

Legt er seinen Geist in sein eigenes Schwert, wird sein Geist von seinem eigenen Schwert gefesselt.

Legt er seinen Geist in sein eigenes Bestreben, nicht getroffen zu werden, so wird sein Geist von seiner eigenen Absicht, nicht getroffen zu werden, gefesselt.

Legt er seinen Geist in die Haltung des anderen, wird sein Geist von der Haltung des anderen gefesselt.

Dies soll heißen, daß es nichts gibt, worin der Geist verweilen sollte.

Jemand hat einmal gesagt: »Worin auch immer ich meinen Geist lege, davon wird mein Aktionsvermögen festgehalten, und ich unterliege meinem Gegner. Deshalb lege ich meinen Geist in die Stelle unmittelbar unter dem Nabel und lasse ihn nicht abschweifen.[7] So kann ich mich auf die Aktionen meines Gegners sofort einstellen.«

Das ist durchaus vernünftig. Jedoch: Den Geist in die Stelle unterhalb des Nabels legen und ihn nicht abschweifen lassen, das ist vom höchsten Standpunkt des Buddhismus aus betrachtet eine niedrige Stufe des Verstehens, keine hohe. Es gehört der Ebene der Disziplin und Schulung an, der Ebene des ernsthaften Bemühens, dessen, was Meng-tzu meint mit dem Wort: «Suche das verlorengegangene Herz.»[8] Das ist nicht die höchste Ebene. Es hat den Geschmack der Ernsthaftigkeit. Was das «verlorengegangene Herz» angeht, darüber habe ich anderswo geschrieben, und Ihr könnt es Euch dort vergegenwärtigen.

Wenn Ihr im Sinn habt, Euren Geist in die Stelle unterhalb Eures Nabels zu legen und ihn nicht abschweifen zu lassen, wird Euer Geist vom Denken

an diesen Plan gefesselt. Ihr werdet dann nicht vor-
wärtsschreiten können und höchst unfrei sein.

Das führte zur nächsten Frage: «Wenn das Legen
meines Geistes in die Gegend unterhalb des Nabels
mein Wirken vereitelt und mir die Freiheit nimmt,
taugt es nichts. In welchen Körperteil soll ich dann
aber meinen Geist legen?»

Ich erwiderte: «Legt Ihr ihn in die rechte Hand,
wird er von der rechten Hand gefesselt, und Euer
Körper wird sein freies Wirken einbüßen. Legt Ihr
Euren Geist in das Auge, so wird er vom Auge gefesselt, und Euer Körper wird sein freies Wirken
einbüßen. Legt Ihr Euren Geist in Euren rechten
Fuß, so wird Euer Geist vom rechten Fuß gefesselt,
und Euer Körper wird sein freies Wirken einbüßen.

Ganz gleich, wohin Ihr den Geist legt, wenn Ihr
ihn an eine bestimmte Stelle legt, büßt der übrige
Körper sein freies Wirken ein.»

«Nun denn, wohin also legt man den Geist?»

Ich antwortete: «Wenn Ihr ihn an keine bestimmte Stelle legt, wird er in allen Teilen Eures
Körpers sein und ihn ganz und gar durchdringen.
Wenn er in Eure Hand gelangt, wird er das Wirken
der Hand verwirklichen. Wenn er in Euren Fuß gelangt, wird er das Wirken des Fußes verwirklichen.
Wenn er in Euer Auge gelangt, wird er das Wirken
des Auges verwirklichen.

Wählt Ihr aber eine Stelle und legt den Geist
dorthin, so wird er von dieser Stelle gefesselt und
büßt sein Wirken ein. Wer Gedanken faßt, wird
durch seine Gedanken gefesselt.

Weil das so ist, laßt alle Gedanken und Unterscheidungen außer acht, und wo immer der Geist sich im Körper festsetzen will, werft ihn hinaus; ·haltet ihn nicht hier oder dort an, und wenn er dann von selbst hier oder dort auftaucht, wird er das Wirken und das Handeln unfehlbar verwirklichen.»

Den Geist an einer Stelle festlegen, das nennt man *in Einseitigkeit abgleiten*. Einseitigkeit ist die Vorliebe für eine bestimmte Stelle. Fehlerlosigkeit liegt in der freien Beweglichkeit. Der fehlerlose Geist zeigt sich als die Ausbreitung des Geistes im ganzen Körper. Er hat keine Vorliebe für irgendeine Stelle.

Hat der Geist eine Vorliebe für eine Stelle und meidet eine andere, so nennt man ihn *einseitiger Geist*. Einseitigkeit ist verachtungswürdig. Von irgend etwas gefesselt zu werden, was es auch sei, das ist das Abgleiten in die Einseitigkeit, das von jenen, die den Weg gehen, verachtet wird.

Wenn einer nicht denkt: «Wohin soll ich ihn legen?», so wird der Geist sich im ganzen Körper ausbreiten und jede Stelle erreichen.

Wenn man den Geist in nichts Bestimmtes legt, kann man ihn dann nicht so benutzen, daß man ihn je nach den Bewegungen des Gegners von hier nach da gehen läßt?

Der Geist soll im ganzen Körper frei beweglich sein, und wenn eine Aktion der Hand erforderlich ist, muß man den Geist benutzen, der in der Hand ist; wird eine Aktion des Fußes verlangt, muß man den Geist benutzen, der im Fuß ist. Setzt man aber eine Stelle fest, an der der Geist sein soll, so bleibt er dort auch dann, wenn man ihn von der Stelle abzuziehen versucht. Er ist dann ohne sein Wirken.

Wenn Ihr den Geist wie eine gefesselte Katze haltet und ihm nicht frei zu schweifen erlaubt, sondern ihn in Euch selbst in Schach haltet, wird er in Euch festgehalten. In Eurem Körper von Euch verlassen, geht er nirgendwohin.

Das Bestreben, den Geist nicht an einer bestimmten Stelle verweilen zu lassen – das ist Disziplin. Den Geist nirgendwo anzuhalten – das ist das Ziel und das Wesentliche. In nichts festgelegt, wird er überall sein. Auch außerhalb des Körpers gilt: Sendet man den Geist in eine Richtung, so ermangeln ihm die übrigen neun. Wird der Geist nicht auf eine Richtung eingeschränkt, so ist er in allen zehn.

Der rechte Geist und der verwirrte Geist

Der rechte Geist ist jener, der nicht an einem Ort verweilt. Es ist der Geist, der Körper und Ich ganz und gar durchdringt.

Der verwirrte Geist ist jener, der sich beim Durchdenken von etwas an einer Stelle verfestigt. Wenn der rechte Geist an einer Stelle zusammenrinnt und sich dort verfestigt, wird er das, was man verwirrter Geist nennt. Läßt man den rechten Geist fahren, verliert er sein Wirken hier und dort. Deshalb ist es so wichtig, nicht von ihm abzulassen.

Der rechte Geist, da er an keinem Ort verweilt, ist wie Wasser. Der verwirrte Geist ist wie Eis, und Eis kann die Hände und den Kopf nicht waschen. Schmilzt man das Eis, so wird es Wasser, das überallhin fließt, und kann Hände, Füße und alles andere waschen.

Verfestigt sich der Geist an einem Ort und verweilt in einem Ding, so ist er wie gefrorenes Wasser und nicht mehr in jeder Weise zu benutzen – Eis, das weder Hände noch Füße waschen kann. Wird der Geist geschmolzen und wie Wasser verwendet, im ganzen Körper gegenwärtig, so kann man ihn lenken, wohin man will.

Das ist der rechte Geist.

Der Geist des existierenden Geistes und der Geist des Nicht-Geistes

Der existierende Geist ist dasselbe wie der verwirrte Geist, wörtlich «der Geist, der existiert». Das ist der Geist, der in nur eine Richtung denkt, worum es auch gehen mag. Wenn ein Gegenstand des Denkens im Geist ist, stellen sich Unterscheidung und Gedanken ein. Daher nennt man ihn den existierenden Geist.

Der Nicht-Geist ist dasselbe wie der rechte Geist. Er verfestigt sich nicht und heftet sich nicht an eine bestimmte Stelle.

Man nennt ihn Nicht-Geist, wenn der Geist weder Unterscheidung noch Denken hat, sondern sich im ganzen Körper frei bewegt und das ganze Ich durchzieht.

Der Nicht-Geist hat keinen Ort. Aber er ist nicht wie Holz oder Stein. Wo kein Ort des Verweilens ist, spricht man vom Nicht-Geist. Haltmachen bedeutet, daß etwas im Geist ist. Wo nichts im Geist ist, spricht man vom Geist des Nicht-Geistes. Man nennt es auch Nicht-Geist-Nicht-Denken.

Wenn dieser Nicht-Geist sich gebildet hat, macht der Geist nicht halt bei irgendeinem Ding, aber er meidet auch keines. Er ist wie überströmendes Wasser, in sich selbst existierend. Er erscheint, wo es erforderlich ist.

Der Geist, der auf etwas festgelegt wird und an irgendeiner Stelle haltmacht, verliert sein freies Wirken. Auch die Räder eines Karrens drehen sich, weil sie nicht fest angebracht sind; starr befestigt, würden sie sich nicht drehen. Ebenso kann der Geist nicht wirken, wenn er an etwas Bestimmtem haftet.

Wenn Ihr etwas im Sinn habt, mögt Ihr die Worte, die ein anderer spricht, wohl hören, doch Ihr könnt sie nicht wirklich vernehmen. Das ist, weil Euer Geist bei Euren eigenen Gedanken weilt.

Ist Euer Geist in die Richtung dieser Gedanken geneigt, so mögt Ihr zwar zuhören, doch Ihr nehmt nicht auf; Ihr mögt zwar hinschauen, doch Ihr seht nicht. Das kommt daher, daß Ihr etwas im Sinn habt. Und was da ist, ist Gedanke. Könnt Ihr aber das, was da ist, loswerden, so wird Euer Geist Nicht-Geist: Er wirkt, wo es erforderlich ist, und ist allen Anforderungen gewachsen.

Der Geist, der den Gedanken faßt, das loszuwerden, was in ihm ist, wird eben darin wieder befangen sein. Denkt man aber nicht weiter daran, so macht der Geist sich ganz von selbst frei von diesen Gedanken und wird Nicht-Geist.

Verhält man sich immer so gegenüber seinem eigenen Geist, so wird er irgendwann plötzlich von selbst in diese Verfassung kommen. Wer das schnell zu verwirklichen trachtet, wird nie dorthin gelangen.

Ein altes Gedicht lautet:

Zu denken: «Ich werde nicht denken» –
auch das ist etwas im Denken.
Denke nur einfach gar nicht
an Nicht-Denken.

Wirf eine Kürbisflasche ins Wasser, tauche sie unter, und sie wird sich hochdrehen

Eine Kürbisflasche untertauchen, das tut man mit der Hand. Wirft man eine Kürbisflasche ins Wasser und drückt sie mit der Hand nach unten, so rollt sie nach einer Seite weg und taucht hüpfend wieder auf. Wie man es auch anstellt, sie ist ein Ding, das nicht an einer Stelle bleibt.

Der Geist eines Menschen, der angelangt ist, bleibt bei keinem Ding auch nur einen Augenblick stehen. Er ist wie eine Kürbisflasche, die man unter Wasser drückt.

Erwecke den Geist, doch ohne einen Ort des Verweilens

In unserer sinojapanischen Schreibweise liest man dies *ōmushojū jijōgoshin.*

Was auch immer ein Mensch tut, wenn er den Geist wachruft, der den Gedanken faßt, etwas zu tun, so bleibt der Geist bei diesem Ding stehen. Deshalb soll man den Geist wachrufen, ohne ihm einen Ort zu bieten, wo er haltmachen kann.

Ist Euer Geist nicht wachgerufen, so wird die Hand sich nicht bewegen. Jene, die in der Bewegung den Geist wachrufen, der für gewöhnlich bei dieser Bewegung verweilt, die aber im Verlauf ihrer Aktion kein Verweilen zulassen – die nennt man die Vollendeten aller Wege.

Der Geist der Verhaftung geht aus dem anhaltenden Geist hervor. Auch der Kreislauf der Wiedergeburt geht daraus hervor. Dieses Anhalten wird zu den Fesseln von Leben und Tod.

Man betrachtet Kirschblüten und Herbstlaub; indem man aber den Geist wachruft, der dies betrachtet, ist es von größter Wichtigkeit, ihn nicht dabei verweilen zu lassen.

Jiens⁹ Gedicht lautet:

Die Blume, die ihren Duft verströmt
    vor meiner Reisigtür,
weiß davon nichts.
    Ich aber sitze da und gaffe –
    wie bejammernswert, diese Welt.

Die Blume verströmt ihren Duft im Nicht-Geist, ich aber starre sie an, und mein Geist kann nicht weiter. Wie jammervoll, daß der Geist mich so festgenagelt hat.

Macht es Euch zum heimlichen Prinzip in allem Sehen und Hören, daß Ihr den Geist nicht an irgendeiner Stelle festhaltet.

Was man *Ernsthaftigkeit* nennt, ist ausgeführt in dem Sprichwort: «Ein Ziel und keine Ablenkungen.»[10] Der Geist wird auf eine Stelle gesammelt, und man läßt ihn nicht schweifen. Auch später, wenn Ihr einmal das Schwert aus der Scheide zieht, um einen Streich zu führen, ist es sehr wichtig, daß Ihr den Geist nicht in die Richtung des Streichs wandern laßt. Vor allem in solchen Dingen wie der Entgegennahme von Befehlen Eures Herrn, solltet Ihr immer das Wort *Ernsthaftigkeit* innerlich gegenwärtig haben.

Auch im Buddhismus haben wir diese Haltung der Ernsthaftigkeit. Wenn die Glocke namens Glocke der Verehrung dreimal angeschlagen wird, legen wir die Hände zusammen und verneigen uns ehrerbietig. Diese Verehrungshaltung, in der man den Namen des Buddha spricht, bedeutet dasselbe wie «ein Ziel ohne Ablenkungen» oder wie «ein Geist ohne Verwirrung».

Im Buddhismus ist die Geisteshaltung der Ernsthaftigkeit nicht die tiefste Ebene. Den Geist festhalten und ihn nicht in Verwirrung geraten lassen, das ist die Schulung des Neulings, der eben anfängt zu lernen.

Wenn dies über lange Zeit geübt wird, erreicht man die Ebene der Freiheit, in der man dem Geist freien Lauf lassen kann. Die oben erwähnte Stufe des «den Geist erwecken, ohne ihm einen Ort des Verweilens zu bieten», ist die höchste von allen.

Der Sinn des Wortes *Ernsthaftigkeit* liegt darin, daß man den Geist unter Kontrolle hält und nirgendwohin aussendet, denn ließe man ihn los, so würde er nur Verwirrung finden. Auf dieser Stufe wird der Geist straff am Zügel gehalten, und nicht die geringste Nachlässigkeit ist erlaubt.

Wie wenn eine Katze einen jungen Sperling fängt: Damit es sich nicht wiederholt, wird sie an die Leine gelegt, und man läßt sie keinen Augenblick frei laufen.

Wird mein Geist wie eine angebundene Katze behandelt, so ist er nicht frei und wird vermutlich nicht so wirken können, wie er soll. Wenn die Katze gut erzogen ist, löst man die Leine und läßt sie gehen, wohin sie will. Dann mag ein Sperling ganz in ihrer Nähe sein, sie wird ihn nicht fangen. In diesem Sinne ist auch der Ausdruck «den Geist erwecken, ohne ihm einen Ort des Verweilens zu bieten», gemeint.

Meinen Geist loslassen, ihn sich selbst überlassen, wie die Katze, so daß er gehen kann, wohin er will – das ist der rechte Gebrauch des Geistes, solange ich ihn nirgends verweilen lasse.

Wenn wir dies auf Eure Kampfkunst anwenden, so bedeutet es, daß der Geist nicht festgehalten wird von der Hand, die das Schwert schwingt. Ohne im geringsten auf die Hand zu achten, die das Schwert führt, schlägt man zu und trifft den Gegner. Man richtet den Geist auch nicht auf den Gegner aus. Er ist Leere. Ich bin Leere. Die Hand, die das Schwert führt, das Schwert selbst – Leere. Erfaßt dies, aber laßt nicht zu, daß Euer Geist von der Leere gefesselt wird.

Als der chinesische Zen-Priester Mugaku, der sich später in Kamakura aufhielt, während der Unruhen in China gefangengenommen wurde und hingerichtet werden sollte, sprach er eine Gāthā:

Mit der Schnelligkeit des Blitzes
durchschlage den linden Frühlingswind.

Der Soldat ließ sein Schwert fallen und floh.[11]

Mugaku sagt hier, daß die Handhabung des Schwertes sein muß wie der zuckende Blitz – kein Raum für Geist oder Denken. Für das herabsausende Schwert gibt es keinen Geist. Für mich, den der Streich treffen wird, gibt es keinen Geist. Der Angreifer ist Leere. Sein Schwert ist Leere. Ich, den der Streich treffen wird, bin Leere.

Wenn dem so ist, dann ist der Mann, der das Schwert führt, gar kein Mann. Das sausende Schwert ist kein Schwert. Und für mich, den der Streich treffen wird, ist es – wie aufzuckender Blitz – nur so, als würde ein Hieb durch den linden Frühlingswind geführt.

So ist es mit dem Geist, der wirklich bei nichts verweilt. Und es ist nicht sehr wahrscheinlich, daß das Schwert sich dem Durchschneiden des Windes leiht.

Vergeßt den Geist ganz und gar, und Ihr werdet alle Dinge recht tun.

Wenn Ihr tanzt, hält die Hand den Fächer, und der Fuß macht einen Schritt. Wenn Ihr dabei nicht alles vergeßt, wenn Ihr Euch in Gedanken zurecht legt, wie Ihr die Hände und Füße zu bewegen und richtig zu tanzen habt, kann man Euch nicht als guten Tänzer bezeichnen. Wenn der Geist in den Händen und Füßen verweilt, wird nichts, was Ihr tut, wirklich gut sein. Wenn Ihr vom Geist nicht vollkommen absehen könnt, gerät Euch alles nur einigermaßen.

Suche den verlorengegangenen Geist

Dies ist ein Wort Meng-tzus.* Es sagt, daß man den verlorengegangenen Geist aufspüren und zu sich selbst zurückbringen muß.

Wenn ein Hund, eine Katze, ein Hahn ausgerissen ist, wird man das Tier suchen und zum Haus zurückholen. Und wenn der Geist, der Meister des Körpers, auf üble Abwege geraten ist, weshalb suchen wir ihn dann nicht, um ihn zu uns zurückzuholen? Das ist doch wohl nur vernünftig.

Doch es gibt auch ein Wort von Shao K'ang-chieh, das lautet: «Es ist von größter Wichtigkeit, den Geist zu verlieren.»[12] Damit ist etwas ganz anderes gemeint. Der Grundgedanke ist, daß der Geist, wenn er angebunden wird, ermüdet und wie eine Katze nicht mehr so sein kann, wie er eigentlich sollte. Macht der Geist nicht halt bei den Din-

---

* «Geist» oder «Herz», wie in der unter Anm. 8 angeführten Übersetzung des Zitats, sind zwei der möglichen Übersetzungen des *shin* oder *kokoro* gelesenen Schriftzeichens. (Anm. d. Übers.)

gen, so wird er von ihnen nicht verunreinigt, und wir gebrauchen ihn gut. Wir können ihm freien Lauf lassen.

Da der Geist aber von den Dingen verunreinigt und festgehalten wird, mahnt man uns, dies nicht geschehen zu lassen, sondern ihm nachzuspüren und ihn zu uns zurückzuholen. Das ist das allererste Stadium der Schulung. Wir sollen wie der Lotos sein, der nicht besudelt ist von dem Schlamm, aus dem er sich erhebt. Der Schlamm existiert zwar, doch soll uns das nicht ängstigen. Man macht seinen Geist einem polierten Kristall gleich, der sogar im Schlamm unbeschmutzt bleibt. Man läßt ihn ziehen, wohin er will.

Erlegt man dem Geist Zwang auf, so macht man ihn unfrei. Den Geist unter Kontrolle bringen, das ist etwas, was man nur am Anfang tut. Wer sein Leben lang so weitermacht, wird nie die höchste Stufe erreichen. Er wird sich nicht einmal über die unterste erheben.

Wenn man sich schult, ist es gut, Meng-tzus «Suche den verlorengegangenen Geist» stets vor Augen zu haben. Das Höchste jedoch liegt in Shao K'ang-chiehs Wort: «Es ist von größter Wichtigkeit, den Geist zu verlieren.»

Unter den Aussprüchen des Priesters Chung-feng finden wir: «Sei im Besitz eines Geistes, der gelassen wurde.»[13] Dies hat genau die gleiche Bedeutung wie Shao K'ang-chiehs Wort vom Verlieren des Geistes, nämlich daß wir den Geist freilassen sollen. Es mahnt uns auch, den verlorenen Geist nicht zu suchen oder irgendwo anzubinden.

Chung-feng sagte auch: «Triff keine Vorkehrungen für einen Rückzug.» Damit ist ein Geist gemeint, der nicht ins Wanken gerät. Und das heißt, daß man sich hüten soll, nach ein, zwei guten Anläufen aufzugeben, wenn man ermüdet oder außergewöhnliche Umstände sich einstellen.

Wirf einen Ball auf das schnell strömende Wasser, und er wird nirgends haltmachen

Ein Sprichwort sagt: «Wirf einen Ball auf das schnell strömende Wasser, und er wird nirgends haltmachen.»[14]

Wenn man einen Ball in schnell strömendes Wasser wirft, wird er auf den Wellen reiten und nicht stehenbleiben.

Durchtrenne die Naht zwischen vorher und nachher

Ein Sprichwort sagt: «Durchtrenne die Naht zwischen vorher und nachher.»

Den Geist nicht von vergangenen Augenblicken freimachen, Spuren des gegenwärtigen Geistes bestehen lassen – das ist beides schlecht. Man soll mit einem Schlag durchtrennen, was zwischen Vergangenem und Gegenwärtigem liegt. Das Wichtige ist, die Naht zwischen vorher und nachher, zwischen jetzt und später zu durchtrennen. Das heißt: den Geist nicht anhalten.

Brennt heute nicht die Felder von Musashino ab.
Der Gemahl und ich liegen versteckt
   im Frühlingsgras.[15]

Den Sinn dieses Gedichtes hat jemand so umschrieben:

Während die weißen Wolken sich sammeln,
welken schon die Purpurwinden.

Da ist etwas, das ich in mir bewegt habe und Euch anempfehlen sollte. Und obgleich ich weiß, daß es nur meine eigene unmaßgebliche Meinung ist, empfinde ich, daß dies der rechte Augenblick ist. Und so will ich denn niederschreiben, was mir vorschwebt.

Da Ihr ein Meister in den Kampfkünsten seid, der seinesgleichen in Vergangenheit und Gegenwart nicht hat, seid Ihr glanzvoll an Rang, Einkommen und Ruf. Im Wachen und Schlafen dürft Ihr diese große Gunst nie vergessen, und um sie bei Tag und bei Nacht zu erwidern, solltet Ihr nur daran denken, Eurer Treuepflicht zu genügen.

Uneingeschränkte Loyalität besteht vor allem darin, den Geist zurechtzusetzen, den Körper zu disziplinieren, in den Gedanken, die Euren Herrn betreffen, keinen Zwiespalt – und sei er auch von Haaresbreite – zuzulassen und andere weder zu hassen noch zu beschuldigen. Seid nicht nachlässig bei Eurer täglichen Arbeit. Im heimischen Bereich seid ehrerbietig gegenüber den Eltern, laßt nichts Unschickliches zu zwischen Ehemann und Ehefrau, seid korrekt in allen Förmlichkeiten, nehmt keine Geliebte, sagt Euch los vom Pfad der Sinnlichkeit, seid ein strenger Vater und handelt, wie es der Weg verlangt. Laßt Euch bei der Wahl von Untergebenen nicht von persönlichen Gefühlen leiten. Nehmt die, die gut sind, und bindet sie an Euch; denkt an Eure eigenen Mängel, führt die Regierungsgeschäfte Eurer Provinz korrekt und haltet Menschen, die nicht gut sind, von Euch fern.

So werden die Guten mit jedem Tag besser, und die Nichtguten werden sich auch bessern, wenn sie sehen, daß ihr Herr die Guten liebt. Sie werden dann ganz von selbst vom Bösen ablassen und sich dem Guten zuwenden.

Dadurch werden Herr und Gefolgsmann, Höhergestellte und Untergebene gute Menschen sein, und wenn man der Begehrlichkeit und dem Hochmut wehrt, gelangt die Provinz zur Fülle des Reichtums, das Volk wird gut regiert, zwischen Eltern und Kindern herrscht Vertrauen, Höhergestellte und Untergebene arbeiten wie Hände und Füße zusammen. Dann wird von selbst Frieden in der Provinz einkehren. Dies ist die Grundlage der Loyalität.

Auf einen Soldaten von solch uneingeschränkter Redlichkeit würde wohl in jeder Lage Eure Wahl fallen, auch wenn Hunderttausende Eurem Befehl unterstünden. Wenn es um den Geist der Tausendarmigen Kannon recht bestellt ist, wird jeder der tausend Arme von Nutzen sein, und wenn es um den Geist Eurer Kampfkunst recht bestellt ist, wird

Euer ganzer Geist in seinem freien Wirken sein, und tausend Widersacher sind Eurem Schwert auf Gedeih und Verderb ausgeliefert. Ist das nicht große Loyalität?

Ob es mit dem eigenen Geist recht steht oder nicht, das können andere nicht erkennen. Erhebt sich auch nur ein einziger Gedanke, so sind gut und böse da. Wenn einer sich die Grundlagen von gut und böse vergegenwärtigt und bereit ist, Gutes zu tun und das Böse zu lassen, wird sein Geist von selber recht.

Das Böse kennen und es doch nicht lassen, das ist die Krankheit der eigenen Begierden. Mag es Genußsucht oder ein Hang zur Zügellosigkeit sein, es geht immer vom Geist aus, der irgend etwas begehrt. Dann mag ein wirklich guter Mann uns zur Verfügung stehen – wenn das Gute, das er zu bieten hat, unserem Begehren nicht entgegenkommt, bedienen wir uns seiner nicht. Wenn man an einem Unwissenden Gefallen findet und ihm statt dem guten Mann, der ebenfalls da wäre, ein Amt überträgt – das ist so, als hätte man überhaupt keine guten Leute.

Dann mag man auch über Tausende von Männern gebieten – in Notzeiten wird sich kaum einer unter ihnen finden, der fest zu seinem Herrn steht. Und die unwissenden jungen Männer gar, die einst so anziehend schienen – die würden, da es mit ihrem Herzen von Anfang an nicht recht stand, nicht einmal im Traum daran denken, im Ernstfall ihr Leben in die Schanze zu schlagen. Niemals, auch nicht in der Vergangenheit, hat man gehört, daß

Männer, mit deren Geist es nicht recht stand, fest zu ihrem Herrn gehalten hätten.

Daß dergleichen anscheinend geschieht, wenn Euer Hoheit Neulinge wählen, ist wahrlich eine bittere Schmach.

Dies ist etwas, was niemand weiß: Aufgrund einer nicht ganz sauberen Neigung kann man schlechten Gewohnheiten und schließlich dem Bösen verfallen. Ihr mögt wohl denken, niemand wisse etwas von diesen Schwächen; wenn sie aber in Eurem eigenen Geist erkannt sind – denn «es gibt nichts Offenbareres als das Geheime» –, werden sie auch Himmel und Erde, Göttern und Menschen bekannt sein.[16] Wen dies der Fall ist, ist dann die Sicherheit der Provinz nicht ernsthaft gefährdet? Ihr solltet dies als eine große Treulosigkeit erkennen.

Zum Beispiel mögt Ihr selbst Eure Treue gegenüber Eurem Herrn noch so glühend beteuern, wenn die Leute eures Klans untereinander uneins sind und die Menschen des Yagyū-Tals sich von Euch abwenden, wird alles, was Ihr unternehmt, zunichte.

Man sagt ja auch: Wenn du über die guten und schlechten Seiten eines Mannes Bescheid wissen möchtest, mußt du die Gefolgsleute und Untergebenen kennen, die er liebt und beschäftigt, aber auch die Freunde, mit denen er sehr engen Umgang pflegt. Steht es mit dem Herrn nicht recht, wird es auch um alle seine Gefolgsleute und Freunde schlecht bestellt sein. Ist es an dem, so werden ihn alle verachten, und die Nachbarprovinzen werden ihn geringschätzen. Ist aber der Herr und sein Gefolge gut, werden alle liebevoll auf ihn schauen.

Ein guter Mann, sagt man, wird von der Provinz als ein Juwel betrachtet. Seht zu, daß dies auch Eure eigene Erfahrung wird.

Wenn Ihr da, wo Ihr anerkannt seid, ohne Zögern alles Unredliche meidet, charakterlose Leute von Euch weist und die Weisen liebt, wird die Provinzregierung um so korrekter werden, und Ihr seid der beste aller loyalen Gefolgsmänner.

Vor allem aber, was das Betragen Eures Herrn Sohnes angeht, dürfte die Sache doch wohl am falschen Ende angepackt sein, wenn man die Missetaten eines Kindes anprangert, solange es um den Vater selbst noch nicht recht bestellt ist. Wenn Ihr zuerst Euer eigenes Verhalten zurechtrückt und dann Eure Meinung äußert, wird nicht nur er sich auf ganz natürliche Weise bessern, sondern sein jüngerer Bruder, Meister Naizen, wird von ihm lernen und ebenfalls zu einem guten Betragen finden. So werden Vater und Söhne zu guten Männern. Das wäre ein glücklicher Ausgang.

Von der Rechtschaffenheit, sagt man, hängt es ab, ob ein Mann angenommen oder fallengelassen wird. Da Ihr ein Gefolgsmann seid, der sich besonderer Gunst erfreut, ist es vollkommen undenkbar, Bestechungsgeschenke der Provinzherren entgegenzunehmen oder Habgier über Rechtschaffenheit zu setzen.

Daß Ihr Euch am Ranbu ergötzt, auf Eure Geschicklichkeit im Nō stolz seid, daß ihr Euch unter die Provinzherren mischt, um Euch mit dieser Fähigkeit aufzuspielen, halte ich allen Ernstes für eine Krankheit.[17]

Solltet ihr nicht immer wieder daran denken, daß die Kaiser-Rezitation nach Art des Sarugaku[18] angestimmt wird und daß die besonders gefälligen Daimyō diejenigen sind, die am häufigsten vor den Shōgun gebracht werden?

Im Lied heißt es:

Der Geist selbst ist es,
der den Geist in die Irre führt;
auf den Geist habe acht
mit wachem Geist.

REIRŌSHŪ

DER KLARE JUWELENLAUT

Nichts ist uns teurer als das Leben. Reich oder arm, wenn ein Mensch nicht ein langes Leben lebt, kann er dem Zweck seines Lebens nicht gerecht werden. Selbst wenn man Reichtümer und Kostbarkeiten dafür opfern muß, das Leben ist diesen Preis wert.

Man sagt auch, gegenüber der Rechtschaffenheit[1] sei das Leben von geringer Bedeutung. Tatsächlich genießt die Rechtschaffenheit die höchste Wertschätzung.

Nichts ist kostbarer als das Leben. Doch in dem Augenblick, da wir dieses teure Leben wegwerfen und zur Rechtschaffenheit stehen müssen, gibt es nichts, was mehr geachtet wird als die Rechtschaffenheit.

Wenn wir die Welt betrachten, sehen wir viele Menschen, die ihr Leben leichtfertig wegwerfen. Aber würde auch nur einer unter tausend für die Rechtschaffenheit sterben? Anders, als man vielleicht erwartet, scheint es in der Klasse der einfachen Bediensteten viele zu geben, die es tun würden. Leute, die sich für weise halten, tun sich damit offenbar schwerer.

Derlei Dinge sagte ich mehr zu mir selbst während eines langen Frühlingstages, als ein Mann herantrat und sich in etwa diesen Worten äußerte:

«Reichtum erfreut wahrlich unser Herz, aber der größte Reichtum ist doch, dieses Leben zu haben. Und wenn der Augenblick der Abrechnung

kommt, wird ein Mensch seinen Reichtum herge-
ben, um sein Leben zu bewahren. Doch wenn Ihr
glaubt, er werde nicht zögern, das ihm so teure Leben für die Rechtschaffenheit fortzuwerfen, so muß
doch Rechtschaffenheit von größerem Wert sein als
das Leben. Begierde, Leben, Rechtschaffenheit – ist
nicht unter diesen drei das letzte jenes, das der
Mensch am meisten schätzt?»

Ich erwiderte darauf in ungefähr dieser Weise:
«Begierde, Leben, Rechtschaffenheit – es ist nur
natürlich, daß Ihr sagt, Rechtschaffenheit sei von
diesen drei am meisten geschätzt. Daß aber alle
Menschen, ausnahmslos, die Rechtschaffenheit am
meisten schätzen, das trifft nicht zu. Es gibt keinen
Menschen, der die Begierde und das Leben schätzt
und dabei die Rechtschaffenheit im Sinn behält.»

Ein anderer Mann sagte: «Reichtum ist ein Juwel
des Lebens. Ohne Leben ist Reichtum nutzlos, also
ist allein das Leben wertvoll. Nun heißt es aber, es
gebe viele, die ihr Leben ohne weiteres wegwerfen
für die Rechtschaffenheit.»

Ich fragte: «Kann ein Mann das Leben geringschätzen um der Rechtschaffenheit willen?»

Er antwortete: «Es gibt viele in dieser Welt, die
es nicht dulden, beleidigt zu werden, und wie ihre
Widersacher sofort bereit sind, ihr Leben im Kampf
zu verlieren. Das heißt, die Rechtschaffenheit vor
allem anderen im Sinn zu haben und das Leben gering zu achten. Es ist ein Sterben für die Rechtschaffenheit, nicht für Reichtum oder Leben.

Die in der Schlacht gefallen sind – kaum vorstell-
bar ihre Zahl. Sie alle waren Männer, die für die

Rechtschaffenheit starben. Angesichts dessen kann man sagen, daß alle Männer die Rechtschaffenheit mehr schätzen als Begierde und Leben.»

Ich sagte: «Aus Unmut über eine Beleidigung zu sterben, das sieht aus wie Rechtschaffenheit, ist aber etwas anderes. Man vergißt sich im Zorn des Augenblicks, das ist alles. Das hat überhaupt nichts mit Rechtschaffenheit zu tun. Nennen wir es bei seinem richtigen Namen: Zorn. Denn bevor einer beleidigt wird, ist er schon von der Rechtschaffenheit abgewichen. Weil er abgewichen ist, erfährt er Beleidigung. Wer in Gesellschaft anderer nicht von der Rechtschaffenheit abweicht, der wird auch nicht von ihnen beleidigt. Wenn man beleidigt wird, muß man sich sofort klarmachen, daß man vorher schon seine Rechtschaffenheit verloren hat.»

Rechtschaffenheit ist eine außerordentlich wichtige Sache. Sie ist im Grunde nichts anderes als das Prinzip des Himmels, das allen Dingen Leben gibt. Wird sie vom menschlichen Körper erlangt, so nennt man sie unsere Natur. Ihre anderen Namen sind Tugend, der Weg, menschliche Herz-Gesinnung, unbedingte Redlichkeit und Schicklichkeit. Name und Erscheinungsbild ändern sich je nach den Umständen, doch im Grunde ist es nur ein Ding.

Schreibt man dieses eine Ding *menschliche Herz-Gesinnung* und geht es um eine Situation, in der Menschen miteinander umgehen, so erscheint es als gütiges Wohlwollen.

Schreibt man es *Rechtschaffenheit* und spielen in der gegebenen Situation gesellschaftlicher Stand und Redlichkeit eine Rolle, so erscheint es als Klarheit des Urteilsvermögens, dem kein Fehler unterläuft.

Hat man das Prinzip darin nicht erfaßt, so besitzt man auch im Sterben keine Rechtschaffenheit – wenn auch manche meinen, daß einer, der einfach stirbt, sie besitzt.[2]

Rechtschaffenheit ist das Unverkrümmte, welches das Innerste des menschlichen Geistes ausmacht; und wenn man dieses Gerade im Innersten des menschlichen Geistes als Richtschnur benutzt, wird alles Hervorgebrachte von dieser Rechtschaffenheit sein.

Dieses Innersten uneingedenk aufgrund von Begierde zu sterben, das ist kein rechtschaffener Tod. Kehren wir aber zu den Menschen zurück, die für die Rechtschaffenheit sterben – ist wohl einer unter tausend, der das wirklich könnte?

Nehmen wir an, einer werde von einem Daimyō in Dienst gestellt und ausgestattet. Die Kleider auf seinem Rücken, das Schwert an seiner Seite, seine Fußbekleidung, seine Sänfte, sein Pferd, seine ganze Ausrüstung – nicht ein Stück ist darunter, das er nicht der Gunst seines Herrn verdankte. Familie, Frau, Kinder und seine eigenen Gefolgsleute mitsamt ihrer Verwandtschaft – nicht einer ist darunter, dem nicht die Gunst des Herrn zuteil würde. All das vor Augen, wird ein Mann den Feinden seines Herrn auf dem Schlachtfeld entgegentreten und sein eigenes Leben hingeben. Das heißt: für die Rechtschaffenheit sterben.

Hier geht es nicht darum, sich einen Namen zu

machen. Auch nicht um Ruhm oder Lohn oder ein Leben. Eine Gunst empfangen und erwidern – allein daraus besteht das Aufrechte, welches das Innerste des Geistes ausmacht.

Ist da wohl einer unter tausend, der so zu sterben bereit wäre? Wäre einer unter tausend, so wären hundert unter hunderttausend, und jeder könnte sich schließlich hunderttausend solcher Männer verschaffen.

In Wahrheit würde man sich schwertun, auch nur hundert rechtschaffene Männer zu finden.

Zu allen Zeiten, wenn das Land in Unordnung war, wurden Schlachten geschlagen, und nachher mochten fünftausend oder siebentausend Gefallene daliegen. Darunter waren Männer, die dem Feind entgegentraten und sich einen Namen machten. Andere wurden erschlagen, ohne daß jemand Notiz davon nahm. Sie alle, so mag es scheinen, starben für die Rechtschaffenheit, doch bei vielen war es nicht so. Viele starben für Ruhm und Gewinn.

Etwas um des Ruhmes willen zu tun, das ist der erste Gedanke, dann faßt man den Gedanken, sich einen Namen zu machen und Land zu bekommen und etwas darzustellen in der Welt.

Es gibt Männer, die Beachtliches vollbringen, Ruhm ernten und es zu etwas bringen in der Welt. Es gibt jene, die im Kampf sterben. Es gibt unter den älteren Samurai jene, die sich in der nächsten Schlacht einen Namen machen möchten, um ihn ihren Nachkommen zu hinterlassen; oder, wenn sie nicht im Kampf starben, wollten sie versuchen, Namen und Besitz zu hinterlassen. Sie alle achten ihr

Leben gering, doch es geht ihnen nur um Namen und Gewinn. Sie sterben einen heißblütigen Tod aus Begierde. Das ist nicht Rechtschaffenheit.

Jene, die ein freundliches Wort von ihrem Herrn erhalten und mit ihrem Leben für ihn einstehen, sterben auch einen Tod der Rechtschaffenheit. Aber da ist keiner, der die Rechtschaffenheit schätzt als das, was über alles geschätzt werden sollte. Jene also, die ihr Leben um ihrer Begierden willen wegwerfen, und jene, die am Leben hängen und Schmach über sich bringen, nehmen die Rechtschaffenheit nicht ernst, ob sie nun leben oder sterben.

Ch'eng Ying und Ch'u Chiu starben gemeinsam um der Rechtschaffenheit willen.[3] Po I und Shu Ch'i waren Männer, die die Rechtschaffenheit sehr wichtig nahmen und die Ermordung des Königs durch einen Vasallen beklagten.[4] Am Ende verhungerten sie am Fuße des Berges Shouyang.

Wenn wir Männer wie diese suchen, so finden wir, daß ihrer auch in alter Zeit nicht viele waren. Und heute, in dieser weg-fernen Zeit, gibt es vielleicht niemanden, der Begierde und Leben der Rechtschaffenheit aufopfern würde. Für gewöhnlich werfen die Menschen das Leben um ihrer Begierde willen weg, oder sie hängen am Leben und bedecken sich mit Schande. Keiner weiß auch nur eine Haarspitze von Rechtschaffenheit.

Alle Männer setzen die Miene der Rechtschaffenheit auf, aber sie sind ihrer nicht wirklich inne. Und so, wenn einem Mann etwas Unliebsames widerfährt, erträgt er es nicht, sondern speit Beschimpfungsworte. Der, dem diese Worte gelten, fühlt sich gedemütigt und sucht unter Einsatz seines Lebens Genugtuung. Auch diesem Mann gebricht es nicht nur an Rechtschaffenheit – er starrt vor Begierde.

Wenn einer glaubt, er können einem anderen mit Grobheiten begegnen, ohne daß dieser mit Beschimpfungen antwortet, so ist das nichts als ein Zeichen von Begierde. Es ist eben jene Gesinnung, die einer zeigt, der einem anderen einen Stein gibt und dann, wenn er Gold zurückerhält, sein Freund wird; gibt der andere ihm aber einen Stein zurück, so schlägt er ihm den Kopf ab. Lobt einer einen anderen in glühenden Worten, so ist die Wahrscheinlichkeit groß, daß ihm ähnliches erwidert wird. Wenn er aber über einen anderen gerinschätzig spricht und, nachdem er geringschätzige Worte zurückerhalten hat, ihm den Kopf abschlägt und selbst stirbt, so ist das Begierde. Es ist das Gegenteil von Rechtschaffenheit und der Gipfel der Dummheit.

Überdies haben alle, die Samurai sind, einen Herrn, und wer das Leben wegwirft, im Streit verspielt, das eigentlich seinem Herrn gehören sollte, der kennt den Unterschied zwischen richtig und falsch nicht. Er kennt vor allem die Bedeutung von Rechtschaffenheit nicht.

Was wir Begierde nennen, ist nicht einfach das Haften an Reichtum, die Vorliebe für Silber und Gold.

Wenn das Auge Farben sieht, ist das Begierde.
Wenn das Ohr Laute hört, ist das Begierde.

Wenn die Nase Düfte riecht, ist das Begierde.
Wenn nur ein einziger Gedanke keimt, ist das
Begierde.

Dieser Körper wurde durch Begierde verfestigt und
hervorgebracht, und es liegt in der Natur des Menschen, daß er von Begierde durchdrungen ist.
Es gibt wohl eine begierdelose Natur in diesem
begierde-gefestigten, begierde-erzeugten Körper,
doch ist sie stets unter Heißblütigkeit verborgen,
und es ist schwer, ihre positive Kraft wirksam zu
machen. Diese Natur ist nicht leicht zu bewahren.
Sie reagiert auf die Zehntausend Dinge der Außen-
welt und wird deshalb von den Sechs Begierden
festgehalten und verdeckt.[5]
Dieser Körper ist aus den Fünf Skandhas gefügt:
Form, Empfindung, Wahrnehmung, Tatabsichten
und Bewußtsein.

Form ist der fleischliche Körper.

Empfindung ist das Empfinden des fleischlichen
Körpers für gut und böse, richtig und falsch, Kummer und Freude, Schmerz und Lust.

Wahrnehmung bedeutet Vorlieben: das Böse verabscheuen, das Gute erstreben, den Kummer fliehen, auf Freude hoffen, den Schmerz meiden und
Lust begehren.

Tatabsichten bedeutet, das körperliche Handeln
nach Empfindung und Wahrnehmung auszurich-
ten. Es bedeutet den Schmerz verabscheuen und dadurch Lust gewinnen oder das Böse verabscheuen
und deshalb Dinge tun, die gut für einen selbst sind.

Bewußtsein ist das Unterscheiden von gut und

böse, richtig und falsch, Schmerz und Lust, Freude und Kummer der Skandhas Empfindung, Wahrnehmung und Tatabsichten. Durch das Bewußtsein wird Böses als böse, Gutes als gut, Schmerz als Schmerz und Lust als Lust erkannt.

Da das Bewußtsein unterscheidet, läßt es Voreingenommenheit entstehen: Es verabscheut das Häßliche und haftet am Schönen, und gemäß seinen Verhaftungen bewegt sich der fleischliche Körper.

Weil der fleischliche Körper existiert, gibt es den Skandha der Empfindung.

Weil der Skandha der Empfindung existiert, gibt es den Skandha der Wahrnehmung.

Der Skandha der Wahrnehmung läßt den Skandha der Tatabsichten wirksam werden.

Weil der Skandha der Tatabsichten wirksam wird, gibt es den Skandha des Bewußtseins.

Durch den Skandha des Bewußtseins unterscheiden wir gut und böse, richtig und falsch, häßlich und schön; Gedanken von Annehmen und Zurückweisen stellen sich ein, und mit diesen Gedanken wird der fleischliche Körper geboren. Das ist wie mit Sonne und Mond, die in Wasserlachen gespiegelt werden. Der Buddha sagte: «Die Manifestation der Form als Widerhall der stofflichen Welt ist wie der Mond im Wasser.»[6] Form, Empfindung, Wahrnehmung Tatabsichten, Bewußtsein und vom Bewußtsein wieder zur Form – wenn diese immer wieder verdichtet werden und wir diesen Körper empfangen haben, beginnt gemäß der Abfolge der Zwölf Glieder in der Kette der

Verursachung die Verknüpfung der Fünf Skandhas mit einem einzigen Gedanken unseres Bewußtseins.[7]

Bewußtsein ist daher Begierde. Diese Begierde, dieses Bewußtsein, läßt den Körper und die Fünf Skandhas entstehen. Da der ganze Körper etwas aus Bewußtsein Geronnenes ist, erheben begehrliche Gedanken sich schon, wenn nur ein einziges Haar vom Kopf gezupft wird. Wenn du von einer Fingerspitze berührt wirst, erheben sich begehrliche Gedanken. Wenn du auch nur von der Spitze eines Zehennagels berührt wirst, erheben sich begehrliche Gedanken. Der ganze Körper gerinnt aus Begierde.

In diesem aus Begierde geronnenen Körper verbirgt sich das vollkommen begierdelose und aufrechte Innerste des Geistes. Dieser Geist ist nicht im Körper der Fünf Skandhas, er hat weder Farbe noch Form und ist nicht Begierde. Er ist absolut fehlerlos und vollkommen gerade. Wird dieser Geist als Richtschnur genommen, so ist alles, was man tut, Rechtschaffenheit. Diese absolute Geradheit ist das, was die Rechtschaffenheit ausmacht.

Rechtschaffenheit ist der Name, den wir diesem Geist geben, wenn er sich in äußeren Dingen manifestiert. Man nennt ihn auch *menschliche Herz-Gesinnung*. Er zeigt sich als gütiges Wohlwollen. Wenn wir sein Wesen meinen, sagen wir «menschliche Herz-Gesinnung»; «gütiges Wohlwollen» ist die Bezeichnung für sein sichtbares Wirken. Menschliche Herz-Gesinnung, Rechtschaffenheit, Anstand, Weisheit – die Namen wechseln, aber gemeint ist ein und dasselbe.

Diese Dinge sind als das Innerste des Geistes zu verstehen. Aus diesem Grund nennt man den Weg des K'ung-tzu (Konfuzius) den Weg der Aufrichtigkeit und Sympathie. *Aufrichtigkeit* ist dasselbe wie «das Innerste des Geistes». *Sympathie* ist dasselbe wie «gleiche Gesinnung» oder «Einssein». Wenn das Innerste des Geistes und Gleichgesinntheit verwirklicht sind, wird unter zehntausend Angelegenheiten nicht eine einzige ungünstig verlaufen.

Auch wenn man solche Dinge ausspricht, wenn einer nicht erleuchtet ist, kann man es ihm hundert Tage lang erklären, und er kann hundert Tage zuhören und wird doch wahrscheinlich nicht den Weg erlangen.

Wenn wir so etwas sagen und andere uns widersprechen, ist es am besten, sich das Denken und Handeln jener anzuschauen, die Vorträge über die konfuzianischen Klassiker halten oder solchen Vorträgen lauschen. Das ist nicht anders mit denen, die über die buddhistischen Schriften sprechen oder sich dergleichen anhören. Dies ist also nicht bloß eine Kritik des Konfuzianismus. Ein Mensch mag wie ein Wasserfall reden können, aber wenn sein Geist nicht erleuchtet ist und er sein eigenes wahres Wesen nicht geschaut hat, ist er keiner, auf den man sich verlassen könnte. Wir sollten in der Lage sein, dies sofort am Verhalten eines Menschen abzulesen.

Jemand äußerte seine Zweifel in folgenden Worten: «Wenn sogar das Sehen und Hören Begierde sind, wenn sogar das Entstehen eines einzigen Gedankens Begierde ist, wie sollen wir dann fähig sein, Rechtschaffenheit zu erlangen? Wo auch nur ein einziger Gedanke sich verdichtet, da wird er wie ein Fels oder Baum. Wenn er wie ein Fels oder Baum ist, wird man sich kaum in Rechtschaffenheit für seinen Herrn einsetzen. Wenn man keinen starken Willen aufbringt, wird es schwer zu erreichen sein.»

Ich sagte: «Das ist ein berechtigter Zweifel. Ohne einen Gedanken im Sinn wird man weder nach rechts noch nach links laufen, weder aufwärts noch abwärts klettern, sondern nur geradeaus gehen. Sobald auch nur ein einziger Gedanke sich zu erheben beginnt, wird man nach rechts oder links laufen und aufwärts oder abwärts steigen und endlich den Ort seiner Begierden erreichen. Deshalb spricht man von Begierde.

Die Tugend des bedingungslos Rechtschaffenen ist verborgen. Wird das Begehren nicht ins Werk gesetzt, so wird man wahrscheinlich weder Gutes noch Böses erreichen. Selbst wenn du willens bist, einen Mann zu retten, der in einen Abgrund gefallen ist – wenn du keine Hände hast, wirst du es nicht tun können. Auch der, welcher einen anderen in einen Abgrund stoßen möchte – wenn er keine Hände hat, wird er es nicht tun können. Für Erfolg wie für Mißerfolg gilt: Sobald da Hände sind, die Erfolg oder Mißerfolg herbeiführen, wird von der Natur der Dinge abgewichen.

In Erfolg und Mißerfolg leiht man sich die Kräfte des Begehrens, und auch dann, wenn man den unerschütterlich richtigen und geradlinigen Geist als seine Richtschnur betrachtet und danach handelt, bleiben Erfolg und Mißerfolg eine Sache dieser Kraft.

Nur: Wenn man nicht von dieser Richtschnur abweicht, wird es nicht Begehren genannt. Es wird dann Rechtschaffenheit genannt. Rechtschaffenheit ist nichts anderes als Tugend.

Betrachte das Innerste des Geistes als einen Wagen, in dem Willenskraft befördert wird. Schiebe ihn an einen Ort, wo Mißerfolg sein kann, und da wird Mißerfolg sein. Schiebe ihn an einen Ort, wo Erfolg sein kann, und da wird Erfolg sein. Doch wenn man – unabhängig von Erfolg oder Mißerfolg – sich einfach der Geradlinigkeit dieses Innersten des Geistes anvertraut, wird man in jedem Fall Rechtschaffenheit erlangen. Sich einfach vom Begehren lossagen und wie ein Fels oder Baum sein – damit wird nichts je erreicht. Begierdelose Rechtschaffenheit zu verwirklichen, ohne sich vom Begehren abzuwenden – das ist der Weg.»

Es gibt Götter, die jedermann kennt, und solche, die unbekannte sind. Sumiyoshi, Tamatsushima, Kitano und Hirano sind Götter, die jeder kennt. Wenn wir einfach von «den Göttern» sprechen, meinen wir jene, deren Namen wir nicht kennen. Wo wir von Anbetung und Verehrung der Götter sprechen, machen wir keinen Unterschied zwischen den Namen von Sumiyoshi, Tamatshushima, Kitano und Hirano. Wir beten die Götter an und verehren sie und kümmern uns nicht darum, wer sie im einzelnen sind.

Wenn der Gott von Kitano angebetet wird, bleibt der Gott von Hirano unbeachtet. Wird der Gott von Hirano verehrt, ist von Kitano keine Rede. Ein Gott wird auf einen Ort festgelegt, und die anderen sind hier ohne Bedeutung. Hier wird nur dieser eine Ort verehrt und angebetet, und die anderen gelten nichts.

Wenn wir von «den Göttern» sprechen, beschränken wir sie nicht einzeln auf bestimmte Orte, denn dies hat nichts mit dem Weg der Götter zu tun. Der Weg der Götter wird dadurch geschaffen, daß wir die Götter unabhängig vom Ort und unabhängig von der bestimmten Gestalt eines Gottes anbeten. Wenden wir dies nun auf den Weg von Herr und Gefolgsmann an.

Mit *Herr* ist der Kaiser gemeint, und *Gefolgsmann* bezeichnet die Gefolgsleute des Kaisers. Die Bezeichnungen *Herr* und *Gefolgsmann* benutzt man eigentlich nicht für Menschen, die in der Rangordnung tiefer stehen, aber hier wollen wir davon einmal absehen.

Unter den Herren gibt es berühmte und solche, deren Namen unbekannt sind. Auch unter den Gefolgsleuten gibt es solche, die berühmt sind, und solche, die es nicht sind. Wenn man über berühmte Herren spricht, wird man etwa sagen: «Unser Herr ist Matsui Dewa», oder: «Mein Herr ist Yamamoto Tajima.» Bei unbekannten Herren sagt man einfach «der Herr», ohne seinen Namen zu erwähnen.

Für einen Gefolgsmann entsteht der Weg des Herrn dadurch, daß er einfach denkt «der Herr». Und für einen Herrn sollte der Weg des Gefolgsmannes darin bestehen, daß er einfach denkt «der Gefolgsmann».

Vor langer Zeit sagte man: «Ein kluger Gefolgsmann dient nicht zwei Herren.» Ein Gefolgsmann, so dachte man damals, kann nicht zwei Meister haben. In diesen Zeiten des Niedergangs schließen sich die Gefolgsleute jetzt mal diesem, mal jenem Herrn an, und am Ende sind sie vagabundierende Mietknechte, die ihre eigenen Verdienste hervorzuheben trachten. Das sind die Zeiten, in denen wir leben.

Wenn andererseits ein Herr mit diesem oder jenem Mann nicht zufrieden ist, jagt er ihn mit Schimpf und Schande davon. Auch das bringt Unordnung in den Weg von Herr und Gefolgsmann, von Meister und Diener.

Selbst wenn ein Gefolgsmann in verschiedenen Klanen dient, soll er seinen Herrn immer als den einzigen betrachten, als «den Herrn». Das bedeutet eigentlich, daß der Herr ein unbekannter Herr ist, und nur so kann der Weg des Herrn geschaffen werden. Mag ein Gefolgsmann auch einem Klan nach dem anderen dienen, er soll jenen Herrn und diesen Herrn immer nur als «den Herrn» betrachten. So wird er seinem Herrn stets treu ergeben sein; dann mag er den Klan wechseln, doch sein Sinn wird sich nicht wandeln. Auf diese Weise ist der Herr von Anfang bis Ende «der Herr».

Wenn ein Mann denkt: «Mein Herr ist Matsui Dewa, aber eigentlich ist er ein Tölpel...», dabei aber Lohn und Leben empfängt und emporkommt in der Welt, so denkt sein Geist ganz gewiß nicht «der Herr». Und wenn er später unter dem Herrn Yamamoto Tajima dient, wird eben dieser Geist wieder mit ihm sein. Wohin er sich auch wendet, er wird nie die Bedeutung des Wortes *Herr* verstehen und wohl kaum Glück und Erfolg finden.

Deshalb ist es besser, gar nicht erst zu fragen, wer dieser oder jener Herr sei, sondern einfach «der Herr» zu denken und ihm Rechtschaffenheit entgegenzubringen, ohne seinen Namen zu nennen. Wer mit dieser Einstellung dem Herrn dient in dem Vorsatz, ihm nie in den Weg oder auch nur auf seinen Schatten zu treten, solange er sein Gefolgsmann ist – sei es ein Monat, ein Jahr oder sogar zehn Jahre –, für den ist der Herr immer nur der eine Herr, mag er auch in vielen Klanen Dienst tun.

Ebenso darf der Herr nicht den Weg des Gefolgsmannes in Unordnung bringen, mögen auch die Gefolgsleute wechseln. Er soll Liebe und Sympathie in seinem Herzen haben, keine Unterschiede machen zwischen Neulingen und Altgedienten und allen gegenüber sehr großzügig sein. So sind alle Gefolgsleute ohne Namen, der Herr ist ohne Namen, und damit ist der Weg von Herr und Gefolgsmann, Meister und Diener verwirklicht. Es sollen keine Unterschiede gemacht werden zwischen dem neuen Gefolgsmann, der heute seinen Dienst aufnahm, und den alten, die schon zehn oder zwanzig Jahre dienen. Alle Männer sollen mit Liebe und Wohlwollen behandelt werden, und ein jeder ist als «mein Gefolgsmann» anzusehen.

Bei Lohn und Lehen wird es wohl beträchtliche Unterschiede geben, aber im Geist der mensch-

lichen Herz-Gesinnung und Liebe soll es keine Unterschiede geben. Auch für einen Gefolgsmann, der
heute erst seinen Dienst angetreten hat, erschließt
sich der Sinn von «der Herr» nicht in dem Gedanken
«der Herr von heute».

Ist nicht dies der Weg von Herr und Gefolgsmann?

Li Po sagte:
Himmel und Erden sind des Wanderers Gasthaus
der Zehntausend Dinge. Die flüchtige Zeit ist der
Reisende durch hundert Generationen. Dies trei-
bende Leben ist wie ein Traum.[8] Wie lang wird dein
Glück währen? Die Alten zündeten Lampen an und
vergnügten sich bei Nacht. Es gab fürwahr einen
Grund dazu.

Dinge meint nicht nur die Dinge, die ohne Empfinden sind; es heißt, daß auch der Mensch ein Ding ist.[9]
Der Raum zwischen Himmel und Erde ist das Gasthaus der Menschen und Dinge bei ihren Reisen hin
und her. Letztlich ist da kein Stillstehen für Menschen und Dinge. Der Gang der Zeit ist wie das end-
lose Gehen des Reisenden, und das Vergehen von
Frühling, Sommer, Herbst und Winter bleibt unverändert in hundert Generationen.

Der Körper ist wie ein Traum. Wenn wir das sehen und aufwachen, bleibt keine Spur. Wieviel Zeit
bleibt noch zum Schauen?

Es war nicht ohne Grund, daß die Alten vom Tag
zur Nacht übergingen, Lampen anzündeten und sich
während der Stunden der Dunkelheit vergnügten.

Hier könnte man einem Irrtum verfallen. Es sollte ein Richtmaß für Vergnügungen geben, und so es vorhanden ist, hat das Vergnügen nichts Böses. Wer kein Richtmaß hat, wird dem Wahn verfallen. Wenn einer, der sich vergnügt, nicht in die Irre geht, wird er das Richtmaß nicht überschreiten. Was wir mit Richtmaß meinen, sind die Grenzen, die allen Dingen gesetzt sind. Wie die Abschnitte des Bambus braucht das Vergnügen Grenzen. Es ist nicht gut, sie zu überschreiten.

Der Hofadel hat die Vergnügungen des Hofes, die Samurai-Klasse die Vergnügungen des Samurai, und die Priester haben die Vergnügungen der Priester. Jeder sollte die Vergnügungen seines Standes haben.

Man kann sagen, daß Vergnügungen, die dem eigenen Stand nicht angemessen sind, eine Verletzung des Richtmaßes darstellen. Für den Hofadel gibt es die chinesische und japanische Dichtung und die Blas- und Saiteninstrumente. Damit machen sie die Nacht zum Tag, und daran ist nichts Schlechtes zu finden. Verständlicherweise sollten auch die Samurai und die Priester ihre eigenen Vergnügungen haben.

Strenggenommen sollten Priester keinen Vergnügungen nachgehen. Doch es heißt ja im Sprichwort: «In der Öffentlichkeit kann nicht einmal eine Nadel eindringen, doch im privaten Bereich paßt ein Pferd mitsamt dem Wagen hindurch.»[10] Das heißt wohl, daß wir in diesen entarteten Zeiten Nachsicht üben sollen mit dem Geist des Menschen und auch den Priestern ihre eigenen Vergnügen zu-

gestehen können. Wenn sie in der Abgeschieden-
heit der Nacht zusammenkommen, sollten sie chinesische und japanische Verse verfassen dürfen.
Auch verbundene Verse dürften wohl noch angemessen sein. Auch ist es nicht unschicklich, wenn
sie ihr Herz dem Mond und der Kirschblüte zunei-
gen oder, einen geschmackvollen Sake-Krug in der
Hand, in Begleitung vierzehn- oder fünfzehnjähri-
ger Knaben einen Ort aufsuchen, wo man den
Mond durch die Blüten scheinen sieht, um dort einige Schalen mit ihnen zu teilen. Einen kleinen Tu-
schestein und Papier zu haben, ist keineswegs von
schlechtem Geschmack.

Für einen Priester von wahrhaft religiösem Geist
gelten freilich auch diese Dinge als unangemessen –
und die gröberen Vergnügungen erst recht.

Es ist kein Wunder, daß die Adeligen und Samurai, wenn ihnen aufgeht, daß diese treibende Welt
nur ein Traum ist, die Lampen anzünden und sich
die Nacht hindurch vergnügen.

Einige sagen aber: «Alles ist nur ein Traum. Alles
ist nur ein Spiel.» Und so plappern sie maßlos daher,
frönen der Lust und dem üppigsten Wohlleben. Sie
führen die Worte der Alten im Mund, sind aber von
deren Geist so verschieden wie Schnee von Ruß.

Ippen Shōnin sagte, als er Hottō Kokushi, dem
Gründer des Kōkokuji im Städtchen Yura in der
Provinz Kii, begegnete: «Ich habe ein Gedicht ver-
faßt.»[11]

Kokushi sagte: «Laßt es hören.»

Shōnin trug vor:

Wenn ich rezitiere,
hören der Buddha und das Ich auf
zu sein.
Da ist nur noch die Stimme, die sagt:
Namu Amida Butsu.[12]

Kokushi sagte: «Da stimmt etwas nicht mit den letzten beiden Zeilen, findet ihr nicht?»

Shōnin zog sich in Kumano in die Einsamkeit zurück und meditierte einundzwanzig Tage lang. Als er wieder einmal durch Yura kam, sagte er zu Kokushi: «So habe ich es neu gefaßt»:

Wenn ich rezitiere,
hören der Buddha und das Ich auf
zu sein.
Namu Amida Butsu,
Namu Amida Butsu.

Kokushi nickte hochzufrieden und sagte: «Da, jetzt habt Ihr es!»

Dies steht in Kogaku Oshōs Aufzeichnungen geschrieben.[13] Wir sollten es immer wieder betrachten.

Ich werde jetzt über die Zehn Wesenseigenschaften sprechen.[14] Es sind: Form, Natur, Verkörperung, Kraft, Wirken, innere Ursache, äußere Ursache*,

---

*   Der japanische Begriff *innen* bedeutet «direkte, innere Ursache und indirekte, äußere Ursache», also Grund und Anlaß. Dieser Begriff wird im jap. Buddhismus im Sinne des Gesetzes von Ursache und Wirkung *(karma)*, nach dem sich jedes Geschehen in Abhängig-

innere Wirkung, äußere Wirkung und die vollkommene Untrennbarkeit des einen vom anderen. Die Zehn Welten sind die der Hölle, des Hungers, der Tiere, des Zorns, der Menschheit, des Himmels, der Gelehrsamkeit, der Verwirklichung, der Bodhisattvaschaft und der Buddhaschaft.[15] Von dieser Art sind die Zehn Wesenseigenschaften. Alle Welten, von den Welten der Hölle, des Hungers, der Tiere, des Zorns, der Menschheit und des Himmels bis zu den Welten der Gelehrsamkeit, der Verwirklichung, der Bodhisattvaschaft und der Buddhaschaft besitzen diese Zehn Wesenseigenschaften.[16]

Etwas Geborenes kann nicht ohne Form sein, daher sprechen wir von der Wesenseigenschaft der Form. Die Form mag vielfache Gestaltungen erfahren, aber als Form bleibt sie bestehen. Wenn etwas Form hat, so hat es auch eine Natur. Wenn auch die Buddha-Natur stets dieselbe ist, folgt die Form doch dem, was Form erhält, und verändert sich also.

Alle Lebewesen haben die Buddha-Natur, also auch die in den Welten der Hölle, des Hungers und der Tierheit. So wird es schon in den Sūtras dargestellt.

Stellt man um eine Empore eine Anzahl Spiegel auf und in die Mitte eine Lampe, so sieht man die Lampe in jedem der Spiegel. Es ist nur eine Lampe, doch ihr Bild ist in allen Spiegeln. So ist auch die Buddha-Natur nur eine Natur, aber alle Wesen der Zehn Welten, sogar die hungrigen und die Tiere,

keit von inneren und äußeren Ursachen vollzieht, gebraucht. (Anm. d. Übers.)

empfangen sie. Dies ist das Gleichnis von Spiegel und Lampe im Blumengirlanden-Sūtra.[17]

Verkörperung bedeutet die Verkörperung des Gesetzes. In jedem der Zehntausend Dinge sind sowohl die Verkörperung als auch das Wirken. Form ist aus Verkörperung geboren, und wenn sie ihren vollen Kreislauf durchmessen hat, vergeht sie. Die Verkörperung selbst erschöpft sich nie.

Nehmen wir Schnee und Eis als das Wirken und das Wasser als Verkörperung. Wenn Wasser fest wird, ist es Eis, doch dann schmilzt es wieder und wird das ursprüngliche Wasser. Betrachten wir das Wasser als die Verkörperung.

Dies ist ein Beispiel für die Manifestation der Verkörperung, wenn die zehntausend Formen aus der Verkörperung geboren werden und dann vergehen.

Der gewöhnliche Mensch ist unfähig, über die Form hinauszusehen. Er ist unfähig, die Verkörperung zu sehen. Wenn etwas sich bildet, sagt er, es habe sich selbst manifestiert. Vom Standpunkt der Erleuchtung aus sagen wir dann, wenn es zur Verkörperung zurückgekehrt und nicht mehr zu sehen ist, es habe sich manifestiert.

Der Schnee auf den Gipfeln
und das Eis in den Bergtiefen
schmelzen und lassen
in den Vorbergen Geräusche laut werden:
das Wasser des Frühlings.

Dies handelt von der Verkörperung.

Wenn ein Ding Form, Natur und Verkörperung besitzt, muß es auch Kraft haben. Kraft ist das Vermögen zu wirken; sie ist das, was hinter allem Erlangen steht. Für alle Dinge gilt: Was Wirkungen hervorbringt, ist die Kraft.

Die Beständigkeit der immergrünen Kiefer im prangenden Grün des Laubes sommerlicher Berge wird im Lied oftmals besungen. Das kommt daher, daß sie ihre Farbe nie ändert, auch nicht in Schnee und Eis und in den Regenschauern des Spätherbstes. Sie bleibt auch in der kältesten Zeit des Jahres beständig, und so besingt man sie als die Wesenseigenschaft der Kraft.

Weil es die Kraft gibt, kann das Wirken allen Dingen Erfüllung gewähren. Wer ohne in seinem Bemühen zu erlahmen Tag für Tag ein chinesisches Schriftzeichen lernt, sollte alles erreichen können. Was das Wirken ist, kann man sich klarmachen an dem Sprichwort: «Die Reise von tausend Meilen beginnt mit einem einzigen Schritt.»

So Form, Natur, Verkörperung, Kraft und Wirken gegeben sind, kann alles, was überhaupt getan wird, willentlich getan werden. Das ist die verborgene Ursache. Wenn etwas nicht getan wird, unterbleibt es zum eigenen Schaden, und es gibt nichts, was nicht getan werden kann. Ohne verborgene Ursache und äußere Ursache wird man wohl kaum bis zur Stufe der Buddhaschaft gelangen.[18]

Das chinesische Schriftzeichen für «innere Ursache» beispielsweise wird auch «abhängig sein von» gelesen. In Abhängigkeit von einem Ding werden also verschiedene andere erreicht.

Den Samen im Frühjahr in die Erde legen, das nennt man die innere Ursache. Man mag ihn noch so gut in die Erde bringen, wenn Regen und Tau nicht helfen, wird nichts wachsen. Die Hilfe von Regen und Tau nennt man deshalb die äußere Ursache. Angewiesen auf die Hilfe von Regen und Tau, wird die Pflanze wachsen und im Herbst Früchte tragen. Das ist die innere Wirkung.

Wenn das Herz so voll ist
und nicht Ruhe geben will,
richte ich meine Hoffnung
auf tausend Ranken
der Heckenkirsche.[19]

Das Aufstellen des Heckenkirschenzweiges ist als die innere Ursache der Eheschließung gemeint. Wenn dann Vermittlungsbemühungen unternommen werden, so können diese als äußere Ursache gelten. Und wenn die beiden schließlich ein Paar werden und mit Kindern gesegnet sind, so wäre dies als ein Beispiel für innere Wirkung anzusehen.

So ist es auch, wenn jemand ein Buddha werden möchte: Wenn er nicht in Übereinstimmung mit der inneren Ursache handelt, wird er die Stufe der Buddhaschaft nicht erreichen. Laß die Disziplin die innere Ursache sein, und die Wirkung wird dir irgendwann zuteil.

Das Wort *Wirkung* beinhaltet die Bedeutung «Frucht». Wie die innere Ursache im Frühling gepflanzt wird, so erhält man im Herbst die Frucht. Dies ist ein Beispiel für den Stand der Buddhaschaft.

Die äußere Ursache ist im oben Gesagten zu sehen.

Gewiß hat das Segelschiff
das Kap von Wada passiert,
treiben doch die Bergwinde
von Muko es an.

Das Schiff ist die innere Ursache. Der Wind ist die
äußere Ursache. Am anderen Ufer ankommen, das
ist die innere Wirkung. Ohne das Schiff kann man
nicht ans andere Ufer gelangen. Und wenn auch das
Schiff vorhanden ist, kann man doch nicht ohne die
äußere Ursache des Windes sein. Dies nennt man
die Übereinstimmung von innerer Ursache und äu-
ßerer Ursache. Die Bergwinde von Muko sind als
die äußere Ursache zu betrachten. Wenn man ein
Buddha werden möchte, kann man nicht ohne die
Disziplin als innere Ursache sein.

Weil ich sie pflanzte,
sehe ich ihr Reifen
an den Enden der Zweige –
Zweige voller Birnen,
an der Bucht von Iki.

Dies ist die innere Wirkung.
Den Stand der Buddhaschaft erlangen, das ist wie
Birnbäume pflanzen und sie wachsen sehen.

An der Bucht von Iki,
an Zweigen voller

Birnen, die reifen,
    und Birnen, die nicht reifen –
Sind sie nicht, wie sie sein müssen,
    sogar im Schlaf?

Dies ist das ursprüngliche Gedicht. Die Bucht von Iki liegt in Ise.

Äußere Wirkung

Warte nur.
Jetzt magst du grausam zu anderen sein,
doch wenn du selbst zu lieben versuchst,
wirst du erfahren
(was ich empfinde).

Dieses Liebesgedicht will sagen: «Auch wenn du mich grausam behandelst, bist auch du gewiß nicht ohne Liebe. Vielleicht wirst du erfahren, was Liebe ist. Dann wirst du deinen Lohn bekommen.»

Tust du Gutes in diesem Leben, so wirst du im nächsten mit Gutem belohnt. Tust du Böses, wird dir's mit Bösem gelohnt. Das ist die äußere Wirkung. Ist die innere Ursache gut, wird die innere Wirkung gut sein. Ist die innere Ursache böse, wird die innere Wirkung böse sein. Es ist wie ein Echo, das einer Stimme antwortet, wie ein Schatten, der eine Form begleitet.

Wenn man sich in einem Leben die Disziplin zur inneren Ursache macht und im nächsten den Lohn dafür erhält, ist dies nur natürlich. Es kommt aber auch vor, daß eine gegenwärtige innere Ursache schon in diesem Leben eine äußere Wirkung hat, daß eine innere Ursache der Vergangenheit eine gegenwärtige äußere Wirkung hat und daß auf eine gegenwärtige innere Ursache eine äußere Wirkung in der Zukunft folgt. Es setzt sich von einer Welt zur nächsten fort, zeigt sich früher oder später und ist nicht zu umgehen. Es gibt auch die Gleichzeitigkeit von innerer Ursache und Wirkung.

Wir können zum Beispiel die Blüte als innere Ursache und die Frucht als äußere Wirkung nehmen. An einer Melone wachsen Blüte und Frucht zur gleichen Zeit. Bei der Reispflanze wächst die Frucht – vielmehr das Korn –, während auf dem Scheitel noch die Blüte steht. Derlei Dinge kann man als Beispiel nehmen.

Vollkommene Untrennbarkeit. Von der Wesenseigenschaft der Form bis zur Wesenseigenschaft der äußeren Wirkung – kein Bruch von Anfang bis Ende. Sie gehen immer rund herum von der Wurzel zum Zweige, und man nennt sie die Zehn Punkte.

Das sind natürlich die Zehn Welten. Alle Lebewesen, auch die kleinen Würmer, besitzen diese Zehn Wesenseigenschaften. Sogar die unbelebten Dinge sind nicht anders.

Nehmen wir uns die Früchte des Kastanien- und des Persimonenbaumes als Beispiele. Wenn wir sagen, daß sie weder Schmerz noch Kummer kennen, urteilen wir aus der Sicht des Menschen. Es ist zu sehen, daß sie von Natur aus mit diesem Empfinden begabt sind.

Das Erscheinungsbild des Schmerzes bei Gräsern und Bäumen ist nicht anders als die Leidensmiene bei Menschen. Bewässert und pflegt man sie, so bieten sie ein Bild der Zufriedenheit. Werden sie geschnitten oder gefällt, so ist das Sterben ihrer Blätter nicht verschieden vom Tod eines Menschen.

Ihr Schmerz und ihre Traurigkeit sind dem Menschen nicht erfahrbar. Und wenn Gräser und Bäume die Traurigkeit der Menschen betrachten, ist es genauso, wie wenn Menschen sie anschauen; vermutlich glauben sie von uns ebenso, daß wir weder Schmerz noch Traurigkeit kennen. Wir wissen wohl einfach nicht um die Belange der Gräser und Bäume, und sie wissen nicht um unsere. So steht es in den Büchern der Konfuzianer.

Wenn vor wachsenden Pflanzen nach Norden hin Zäune oder gedeckte Lehmmauern stehen, neigen die Pflanzen sich nach Süden. Aufgrund dieser Beobachtung ist klar, daß Pflanzen wissen, was ihnen schadet, wenn sie auch keine Augen haben.

Die Lilie, die in der Nacht schläft und sich am Tage öffnet, wäre ein weiteres Beispiel. Aber es ist ja nicht die Lilie allein, sondern allen Gräsern und Bäumen mangelt diese Natur nicht.

Nur weil wir nicht achtgeben, gehen wir unwissend durchs Leben. Wer die Gräser und Bäume wirklich kennt, ist ein Weiser. Wir verstehen diese Dinge nicht, weil unser Geist grob ist und am Althergebrachten hängt.

Grob ist auch unser Unterscheiden von empfindungsfähigen und nicht-empfindungsfähigen Dingen. Wahrscheinlich gibt es nichts, was ohne Empfinden wäre. Sehen wir manche Dinge nicht einfach deswegen als nicht-empfindungsfähig an, weil sie ein anderes Erscheinungsbild haben als Dinge, die es erkennbar sind?

Wenn es einem Huhn kalt ist, sagt man, fliegt es in die Bäume hinauf, und wenn es einer Ente kalt ist, schwimmt sie im Wasser. Ist das nicht so, als dächte man, daß eine Ente kein Gefühl für Kälte hat, weil sie im Wasser schwimmt, wenn es ihr kalt ist, oder daß ein Huhn kein Empfinden für Kälte hat, weil es in die Bäume hinauffliegt, wenn es ihm kalt ist?

Wasser ist kalt, und das wird als seine Natur angesehen. Feuer ist heiß, und das gilt als seine Natur. Für das Feuer hat das Wasser keine Natur; für das Wasser hat das Feuer keine Natur. Man könnte es so betrachten, aber in Wirklichkeit haben natürlich beide ihre Natur. Von keinem Ding können wir sagen, es habe keine Natur.

Wenn wir die Phänomene genau betrachten, können wir nicht sagen, daß die Dinge zwischen Himmel und Erde verschieden sind. Wo wir Unterschiede sehen, liegt das nur an der Beschränktheit unseres Sehvermögens.

Das ist wie wenn der Berg Fuji von einem Baum mit dichtem Geäst und Blattwerk verdeckt wird, so daß ich ihn nicht sehen kann. Wie kann der Fuji durch einen Baum verdeckt werden? Nur aufgrund der Beschränktheit meines Sehens und weil der Baum in meinem Gesichtsfeld steht, kann ich den Fuji nicht sehen. Wir denken weiterhin, daß der Baum den Berg verdeckt, aber es liegt nur an der Beschränktheit meines Sehvermögens.

Gerade die Menschen, die das Prinzip der Dinge nicht erfassen, setzen gern eine wissende Miene auf und äußern sich abschätzig über jene, die wirklich verstehen. Sie scheinen über andere zu lachen, doch in Wirklichkeit lachen sie sich selbst aus. Zumindest werden jene, die wahrhaft verstehen, wohl so denken.

Schauen wir uns mit wacher Aufmerksamkeit an, wie die Welt jetzt ist. Die Erde ist eine Mutter, der Himmel ein Vater. Wenn wir den Samen der Kastanie oder der Persimonie in der Erde unterbringen, erscheint ein Keim, und die Frucht der ursprünglichen Kastanie oder Persimonie kommt unverändert hervor. So wird sie von einem Vater und einer Mutter aufgezogen. Mit «unterbringen» ist angedeutet, daß der Same von anderswoher dorthin gebracht wird.

Auch für den Menschen ist die Erde die Mutter und der Himmel der Vater, und das, was dann ein Kind wird, wird von anderswoher dorthin gebracht und untergebracht.

Das, was im Zwischenbereich existiert, hat die gleichen Gedanken wie die Lebewesen in dieser gegenwärtigen Existenz. Deshalb nennt man das, was in dieser Welt lebt, auch «Existenzen».

Wenn diese gegenwärtige Existenz zu Ende ist, kommt das, was man Existenz im Zwischenbereich nennt. Dann wandelt sich etwas in dieser Existenz im Zwischenbereich, und es wird spätere Existenz oder Wiedergeburt. Bei alledem verändert sich überhaupt nichts in dem Geist, der in diesem gegenwärtigen Körper ist.

Auch in der Existenz im Zwischenbereich gibt es einen Körper, doch können menschliche Augen ihn nicht sehen, weil er so subtil ist. Wer aber dieser Welt tief verhaftet war, der ist für manche Menschen auch in seiner Existenz im Zwischenbereich zu sehen. Da dies etwas sehr Ungewöhnliches ist, zweifeln die Leute daran und führen es auf die Verwandlung von Füchsen und Marderhunden zurück oder erklären es als eingebildete Vision der Toten.

Auch das kann es natürlich geben, aber wir dürfen nicht in jedem Fall sagen, es könne nur eine dieser beiden Täuschungen vorliegen. Was wirklich ist, existiert auch in dieser Welt. Solche Dinge sind nicht einfach nur im Mund der Menschen. Wir haben Zeugnisse davon, niedergeschrieben von denen, die in der Welt des Weges lebten und selber Männer des Weges waren. Wenn wir uns nicht erheben zur Weisheit jener, die diese Dinge schrieben, darf es uns nicht wundern, wenn wir Zweifel haben.

Die Dinge, die wir im Traum erfahren, sehen und hören wir nicht mit den Augen und Ohren, die uns durch unsere Geburt gegeben wurden; aber wir begegnen dennoch Menschen, wir sprechen, wir hören Laute, sehen Farben und haben sogar geschlechtliche Beziehungen. Wir ringen mit Dingen, die uns täglich bedrängen, und just in dem Augenblick, da wir unser Verlangen stillen zu können glauben, wachen wir auf.

Erst beim Aufwachen merken wir, daß es ein Traum war. Im Traum denken wir nicht: «Dies ist ein Traum», oder: «Dies ist nicht wirklich.»

Während eines Traumes ist dieser Körper lebendig, aber gebunden; er kann nicht dahin gehen, wohin er möchte. Mit der Kraft seines Denkens jedoch kann er diese Orte sehen, indem er sie zu sich heranzieht.

Wenn jemand stirbt und seinen Körper verläßt, so kann er sich wenden, wohin er will – wie eine Katze, die von der Leine gelassen wird. Obgleich seine Gedanken jetzt nicht anders sind als die Gedanken in einem Traum, ist es nun, als sei er frei, dorthin zu gehen, wohin es ihn zieht.

Inmitten tiefer Dunkelheit oder wenn Türen und Fenster geschlossen sind, tritt man in einen Zustand der Freiheit ein. Das liegt daran, daß man keine Form hat.

In diesem Fall ist da zwar eine Form, aber keine Körperlichkeit, und es ist, als sähe man die Spiegelung einer Lampe oder des Mondes auf dem Wasser. Es gibt keine Hindernisse.

Da dieser Körper eine Schranke bildet, kann man in das Innerste nicht eintreten, aber der Geist kann dessen kundig sein, was innen ist – so wie das Bewußtsein durch den Silberberg und die Eisenwand hindurchdringen kann.[20] Es ist unwahrscheinlich, daß Durchschnittsmenschen dies Mysterium begreifen.

Der Buddha und die Patriarchen erfaßten dies, doch gewöhnliche Menschen erkennen es nicht. Da sie es nicht erkennen, hegen sie Zweifel, und Torheit wird auf Torheit gehäuft.

Es gibt zahllose Dinge, die ich nicht kenne, und da ich sie nicht kenne, sage ich, es gebe sie nicht.

Nehmen wir an, ich kenne sechs oder sieben von hundert Dingen. Wenn man mit mir über die übrigen sprechen will und ich sage, daß es sie nicht gibt, so haben über neunzig Dinge aufgehört zu sein. Kenne ich aber fünfzehn, so sind von den Dingen, die es vorher nicht gab, einige mehr ins Dasein getreten. Bei den Menschen, die zwanzig oder dreißig von hundert Dingen kennen, hat sich die Anzahl der nicht-vorhandenen Dinge auf siebzig vermindert. Kennt man sechzig oder siebzig Dinge, so gibt es nur noch dreißig oder vierzig, die nicht vorhanden sind. Kennt einer aber alle Dinge und glaubt, es gebe nichts mehr, was er nicht kennt, so liegt das daran, daß er immer noch unwissend ist.

Wenn jemand so vorgeht, daß er ein Ding nach dem anderen klarmacht, sollte er in der Lage sein, alle Dinge zu erkennen. Wenn man etwas kennt, wird kaum noch jemand sagen wollen, es sei nicht vorhanden, und wenn es einer doch tut, liegt es daran, daß er selbst von der Sache nichts weiß.

Auch ein sehr dummer Mensch sollte, wenn er nur Glauben hat, am Ende etwas erkennen. Aber heißt es andererseits nicht: «Eine halb beherrschte Kampfkunst ist die Grundlage großen Unheils»?

Die Fünf Wurzeln gelangen nicht als solche in die Existenz im Zwischenbereich.[21] Die Fünf Wurzeln unserer gegenwärtigen Existenz werden dann auf den sechsten Sinn, das Bewußtsein, übertragen. Die Fünf Wurzeln haben dann keine Form mehr, aber sie sind weiterhin wirksam.

Der sechste Sinn der Wahrnehmung, das Bewußtsein, hat keine Form.[22] Weil aber das Bewußtsein die Fähigkeit des Sehens und Hörens hat, wird im Traum, wenn die Augen und Ohren des Körpers nichts vermögen, eine andere Form erzeugt, und Sehen und Hören finden statt. Man nennt es Bewußtsein, weil das Wirken einer Form erhalten bleibt, auch wenn die Form selbst nicht vorhanden ist.

Wenn die Form von etwas nicht vorhanden ist und wir daher nicht erkennen können, was es ist, sagen wir besser einfach «Sehen» und «Hören». Weil das Sehen und Hören auf das Bewußtsein übertragen wurde und auf eine zweite Ebene gelangt ist, legen die Fünf Wurzeln ihre Formen ab, und ihr Wirken wird vom Bewußtsein getragen.

So bestehen also die Fünf Wurzeln in der Existenz im Zwischenbereich nicht, aber das Unterscheidungsvermögen der fünf Sinne ist nicht anders als in diesem gegenwärtigen Dasein. Man kann dies von außen einfach nicht sehen. Für den Menschen, den es betrifft, ist es gerade so wie diese gegenwärtige Welt. Und selbst wenn man das Vorhandensein des Körpers nicht leugnet, ist er doch so subtil, daß man ihn kaum sehen kann.

Wenn ein Vogel durch den leeren Himmel fliegt, wird er um so undeutlicher, je weiter er sich entfernt, und schließlich meinen wir, er sei verschwunden. Wir haben seine Form aus dem Auge verloren, aber das heißt ja nicht, daß seine Form sich aufgelöst hat und nicht mehr vorhanden ist. Wir sehen sie nicht, weil sie zu undeutlich geworden ist.

Einen Menschen in der Existenz im Zwischenbereich sehen wir deshalb nicht, weil seine Form schwach und kaum zu erkennen ist. Ein Mensch in diesem Zustand kann uns so sehen wie zu der Zeit, da er lebte, aber die Leute wissen das nicht.

Wenn Menschen, die schwere Sünden begangen haben, in der Existenz im Zwischenbereich sind, ist ihre Gestalt erkennbar. Die Menschen sehen sie und sprechen von Geistern und ähnlichem. Auch das ist nichts, was es nicht gibt. Wenn einer dieser Welt sehr verhaftet war, ist seine Form ganz und gar nicht schwach.

Das ist, als kochte man ein Gebräu aus vielerlei Dingen, um eine Arznei zuzubereiten. Wenn die Zutaten schwach sind, wird auch der Sud schwach sei. Sind die Zutaten kräftig, wird auch der Sud kräftig sein. Was man für diesen Sud verwendet hat, ist deutlich zu erkennen. Ein ganz dünner Sud wird wie Wasser sein. Ist er wie Wasser, so werden die Leute ihn nicht als Sud erkennen, sondern einfach für Wasser halten.

In der Existenz im Zwischenbereich ist die Form eines Menschen von tiefer Verhaftung erkennbar. Aber ein Mensch von schwacher Form ist wie Luft, und wir können ihn nicht sehen. Wir können ihn nicht sehen, aber er kann uns sehen.

Weil ich Form habe, bin ich zu sehen. Weil ihre Formen schwach sind, kann ich sie nicht sehen. Im *Ming-i Chi*[23] wird dies an einem Gerstenkorn verdeutlicht:

An einem einzelnen Gerstenkorn sprießt der Keim, und obgleich ihm das gleiche Wirken mitgegeben ist wie dem ursprünglichen Gerstenkorn, wird er nicht Gerste werden, wenn Wasser und Erde nicht zusammenkommen.

Das menschliche Bewußtsein und die gegenständliche Welt kommen zusammen, mannigfache Gedanken werden geboren, die selbst wiederum viele weitere hervorbringen. Von diesen Gedanken gezogen, wird dieser Körper empfangen und erzeugt. Er ist nicht etwas, das unversehens vom Himmel regnet.

Von einem einzigen anfanglosen Gedanken aus kommt die Vielfalt der Dinge ins Sein. Untersuchst du genau, wo sein Ursprung ist, so findest du keinen, denn er ist ein einziger Gedanke ohne Anfang. Die Geburt der unendlichen Vielfalt der Dinge, da sie keinen Ursprung hat, könnte man ein Mysterium nennen.

TAIAKI

ANNALEN DES SCHWERTES TAIA

Vermutlich, da ich mich in der Kampfkunst übe, kämpfe ich nicht um Gewinn oder Verlust, kümmere mich nicht um Stärke oder Schwäche, rücke keinen Schritt vor und weiche keinen Schritt zurück. Der Feind sieht mich nicht. Ich sehe den Feind nicht. An einen Ort vordringend, wo Himmel und Erde sich noch nicht geteilt haben, wohin Yin und Yang noch nicht gelangt sind, erziele ich blitzschnell und unausweichlich eine Wirkung. [1]

Vermutlich deutet auf etwas hin, was ich nicht mit Sicherheit weiß.

Ursprünglich hatte dieses Schriftzeichen die Bedeutung «Deckel». Wird zum Beispiel ein Deckel auf eine Reihe von Kisten gelegt, so wissen wir nicht genau, was in ihnen ist, aber wenn wir unsere Vorstellungskraft benutzen, werden wir in sechs oder sieben von zehn Fällen das Richtige treffen. Auch hier bin ich mir nicht sicher, nehme aber probeweise an, daß es so ist. Dies ist also der schriftliche Ausdruck, den wir verwenden, wenn wir etwas nicht mit Sicherheit wissen.

Kampfkunst ist das, was das Schriftzeichen sagt.

Nicht um Gewinn oder Verlust kämpfen, mich nicht um Stärke oder Schwäche kümmern bedeutet, nicht auf Sieg aus zu sein und sich nicht um die Möglichkeit der Niederlage zu sorgen, sich nicht um das Vorhandensein von Stärke oder Schwäche zu kümmern.

Keinen Schritt vorrücken und keinen Schritt zurückweichen bedeutet, weder einen Schritt vor noch einen Schritt zurück zu tun. Der Sieg wird errungen, ohne daß man sich von der Stelle bewegt.

Das *mich* von «der Feind sieht mich nicht» bezieht sich auf mein Wahres Ich, nicht auf mein wahrnehmbares Ich.

Das wahrnehmbare Ich sehen die Leute ohne weiteres; daß sie das Wahre Ich erkennen, ist selten. Deshalb sage ich: «Der Feind sieht mich nicht.»

Ich sehe den Feind nicht. Da ich nicht den Standpunkt des wahrnehmbaren Ich einnehme, sehe ich die Kampfkunst des wahrnehmbaren Ich meines Gegners nicht.[2] Wenn ich auch sage: «Ich sehe den Feind nicht», heißt das nicht, daß ich den Feind da vor meinen Augen nicht sehe. Den einen sehen zu können, ohne den anderen zu sehen, das ist etwas Außerordentliches.

Nun also, das Wahre Ich ist das Ich, das vor der Teilung von Himmel und Erde, vor der Geburt von Vater und Mutter da ist. Dieses Ich ist in mir dasselbe wie in den Vögeln und Tieren, den Gräsern und Bäumen und allen Phänomenen. Es ist eben das, was man Buddha-Natur nennt.

Dieses Ich hat nicht Gestalt noch Form, hat nicht Geburt und hat nicht Tod. Es ist kein Ich, das mit den Augen des Körpers gesehen werden kann. Nur wer Erleuchtung empfangen hat, kann es sehen. Und wer es sieht, von dem sagt man, er habe sein eigenes Wesen geschaut und sei ein Buddha geworden.

Vor langer Zeit ging der Weltverehrte in die

Schneeberge, und nach sechs Jahren des Leidens fand er Erleuchtung.[3] Das war die Erleuchtung des Wahren Ich. Der gewöhnliche Mensch hat kein starkes Vertrauen und kann sich drei oder fünf Jahre der Beharrlichkeit nicht vorstellen. Die aber, die den Weg üben, sind von makellosem Eifer, zehn oder zwanzig Jahre lang und vierundzwanzig Stunden am Tag. Sie erwecken den großen Glauben in sich, sprechen mit denen, die Weisheit besitzen, und achten der widrigen Umstände und des Leidens nicht. Wie Eltern, denen ein Kind verlorenging, weichen sie nicht ein Fünkchen vom einmal gefaßten Entschluß ab. In tiefer Versunkenheit suchen und fragen sie forschend. Am Ende erreichen sie den Ort, an dem sogar die buddhistische Lehre und das buddhistische Gesetz sich auflösen, und erlangen die natürliche Fähigkeit, «Dies» zu sehen.

Zu einem Ort vordringend, wo Himmel und Erde sich noch nicht geteilt haben, wohin Yin und Yang noch nicht gelangt sind, erziele ich blitzschnell und unausweichlich eine Wirkung, das heißt, den Blick auf jenen Ort zu richten, der schon war, bevor der Himmel der Himmel und die Erde die Erde wurde, bevor Yin und Yang entstanden. Es heißt, ohne das Denken, ohne den Verstand zu benutzen, geradeaus blicken. So wird die Zeit der großen Wirkung gewiß kommen.

Der Vollendete gebraucht das Schwert, tötet jedoch andere nicht. Er gebraucht das Schwert und gibt anderen Leben. Wenn es notwendig ist zu töten, tötet er. Wenn es notwendig ist, Leben zu geben, gibt er Leben. Wenn er tötet, tötet er in vollkommener Sammlung; wenn er Leben gibt,

gibt er es in vollkommener Sammlung. Ohne nach richtig und falsch zu schauen, kann er richtig und falsch sehen; ohne sich um Unterscheidung zu bemühen, kann er sehr gut unterscheiden. Übers Wasser schreiten ist wie übers Land schreiten, übers Land Schreiten ist wie übers Wasser schreiten. Wenn er diese Freiheit erlangen kann, wird kein Mensch auf der Welt ihn mehr in Verlegenheit bringen können. In allen Dingen wird er ohne Gefährten sein.

Der Vollendete ist einer, der die Kampfkunst vollendet beherrscht.

Er gebraucht das Schwert, tötet jedoch andere nicht. Das bedeutet: Er gebraucht das Schwert zwar nicht, um andere damit zu erschlagen, aber wenn andere sich vor dieses Prinzip gestellt sehen, ziehen sie den Kopf ein und werden von selbst wie tot. Es ist nicht nötig, sie zu töten.

Er gebraucht das Schwert und gibt anderen Leben bedeutet: Wenn er seinem Gegner mit dem Schwert begegnet, überläßt er alles den Bewegungen des anderen und kann ihn völlig frei beobachten.

Wenn es notwendig ist zu töten, tötet er; wenn es notwendig ist, Leben zu geben, gibt er Leben. Wenn er tötet, tötet er in vollkommener Sammlung; wenn er Leben gibt, gibt er es in vollkommener Sammlung, das heißt: Wenn er Leben gibt oder nimmt, so tut er es frei und in einem meditativen Zustand der vollkommenen Versunkenheit – und der Meditierende wird eins mit dem Gegenstand seiner Meditation.

Ohne nach richtig und falsch zu schauen, kann er richtig und falsch sehen; ohne sich um Unterscheidung zu bemühen, kann er sehr gut unterscheiden. Das heißt, daß er bei der Ausübung seiner Kampfkunst nicht hinschaut, um «richtig» oder «falsch» zu sagen, aber er sieht, was richtig und was falsch ist. Er ist nicht darauf aus, die Dinge zu beurteilen, aber er vermag es, treffend zu urteilen.

Stellt man einen Spiegel auf, so wird die Form von allem, was sich gerade vor ihm befindet, gespiegelt und sichtbar. Da der Spiegel es ohne Bewußtsein tut, ohne die Absicht, dies von jenem zu unterscheiden, werden alle Formen klar widergespiegelt. Wenn einer, der sich den Kampfkünsten widmet, seinen Geist einem aufgestellten Spiegel gleichmacht, wird er nicht die Absicht hegen, zwischen richtig und falsch zu unterscheiden; aber der Klarheit seines Geist-Spiegels entsprechend, stellt die Unterscheidung von richtig und falsch sich ein, ohne daß er einen Gedanken daran wendet.

Übers Wasser schreiten ist wie übers Land schreiten, übers Land schreiten ist wie übers Wasser schreiten. Was das bedeutet, wird kein Unerleuchteter erkennen, der nicht um den Ursprung der Menschheit weiß.

Wenn der Tor den Fuß aufs Land setzt, wie er ihn aufs Wasser setzt, dann fällt er auf das Gesicht, sobald er übers Land schreitet. Setzt er den Fuß aufs Wasser, wie er ihn aufs Land setzt, dann mag er denken, dort tatsächlich umhergehen zu können. Was dies angeht – erst wenn ein Mensch sowohl das Land als auch das Wasser vergißt, gelangt er zu diesem Prinzip.

Wenn er diese Freiheit erlangen kann, wird kein Mensch auf der Welt ihn mehr in Verlegenheit bringen können. Dies heißt, daß einer, der sich in den

Kampfkünsten übt, und die Freiheit zu erlangen vermag, nie um das rechte Handeln verlegen ist, auf wen er auch stoßen mag.

In allen Dingen wird er ohne Gefährten sein. Das bedeutet, daß er seinesgleichen in der Welt nicht haben wird; er wird wie Shākyamuni sein, der sagte: «Im Himmel droben, auf der Erde unten bin ich allein der Geehrte.»[4]

Möchtest du dies erlangen? Im Gehen und Stehen, im Sitzen und Liegen, beim Sprechen und Schweigen, beim Tee und beim Reis darfst du nie in deinem Bemühen innehalten; du mußt deinen Blick unverzüglich auf das Ziel richten und das Kommen und Gehen bis in die Tiefe erforschen. So mußt du direkte Einsicht in alle Dinge gewinnen. Indem Monat sich an Monat fügt und die Jahre vergehen, sollte es so sein, als erschiene von selbst ein Licht im Dunkel. Du wirst ohne einen Lehrer Weisheit empfangen, und du wirst, ohne es anzustreben, wunderbare Kräfte hervorbringen. Dies wird sich dann nicht vom Gewöhnlichen unterscheiden und es doch transzendieren. Ich nenne es «Taia».

Möchtest du dies erlangen? «Dies» weist zurück auf das, was bereits gesagt wurde; gefragt wird also, ob du den Sinn dessen zu erlangen gedenkst.

Im Gehen und Stehen, im Sitzen und Liegen. Gehen, Stehen, Sitzen, Liegen - diese vier nennt man die Vier Würdevollen Haltungen.[5] Sie gehen alle Menschen an.

Beim Sprechen oder Schweigen meint beim Reden über etwas, aber auch, wenn man nichts sagt.

Beim Tee und beim Reis heißt beim Teetrinken und beim Reisessen.

Du darfst nie in deinem Bemühen innehalten, mußt deinen Blick unverzüglich auf das Ziel richten und das Kommen und Gehen bis in die Tiefe erforschen. So mußt du direkte Einsicht in alle Dinge gewinnen. Dies bedeutet, daß man niemals nachlässig in seinem Bemühen sein darf und beständig zu sich selbst zurückkommen muß. Man muß den Blick unverzüglich auf das Ziel heften und diese Prinzipien ohne Unterlaß bis in die Tiefe erforschen. Immer geradeaus voranschreiten, das Richtige als richtig, das Falsche als falsch sehen und dieses Prinzip dabei in allem beachten.

Indem Monat sich an Monat fügt und die Jahre vergehen, sollte es so sein, als erschiene von selbst ein Licht im Dunkel. Dies bedeutet, daß man in eben dieser Weise unermüdlich in seinem Bemühen fortfahren muß. Man schreitet voran mit den verstreichenden Monaten und Jahren, und das Erlangen dieses geheimnisvollen Prinzips wird so sein, als wäre in einer dunklen Nacht plötzlich das Licht einer Laterne zu sehen.

Du wirst ohne einen Lehrer Weisheit empfangen heißt, daß man diese grundlegende Weisheit erlangt, ohne daß sie einem durch einen Lehrer übermittelt wurde.

Du wirst, ohne es anzustreben, wunderbare Kräfte hervorbringen. Die Werke gewöhnlicher Menschen kommen aus dem Bewußtsein; sie gehören daher der Welt der erschaffenen Phänomene an und sind mit Leiden behaftet. Alles unerschaffene Handeln aber geht aus dieser grundlegenden Weisheit hervor, und nur dieses Handeln ist natürlich und friedvoll.[6]

Dann bedeutet zu eben dieser Zeit. Es ist die Zeit gemeint, zu der man ohne einen Lehrer Weisheit empfängt und, ohne es anzustreben, wunderbare Kräfte hervorbringt.

Sich nicht vom Gewöhnlichen unterscheiden und es doch transzendieren, das bedeutet, daß dieses unerschaffene wunderbare Vermögen nicht aus dem Ungewöhnlichen hervorgeht.

Die Handlungen, die aus dem Unerschaffenen hervorgehen, sind von unauffälliger Alltäglichkeit, und so entfernt sich dieses Prinzip nie vom Gewöhnlichen oder sondert sich von ihm ab. Das heißt aber, daß das gewöhnliche Handeln des gewöhnlichen Menschen in der Welt der erschaffenen Phänomene von ganz anderer Art ist. Daher heißt es: «Dies wird sich nicht vom Gewöhnlichen unterscheiden und es doch transzendieren.»

Ich nenne es «Taia». Taia ist der Name eines Schwertes (im alten China), das unter dem Himmel nicht seinesgleichen hat. Dieses berühmte juwelenbesetzte Schwert durchschneidet alles, vom unnachgiebigen Metall und geschmiedeten Stahl bis zu harten Steinen und Edelsteinen. Nichts unter dem Himmel kann diese Klinge parieren. Wer diese unerschaffene wunderbare Kraft erlangt, den können auch die Befehlshaber großer Heere oder eine nach Hunderttausenden zählende feindliche Streitmacht nicht schwanken machen. Es ist wie mit der Klinge dieses berühmten Schwertes, der nichts widerstehen kann. Deshalb nenne ich diese wunderbare Kraft Taia.

Alle Menschen sind mit diesem scharfen Schwert Taia ausgerüstet, und in jedem ist es vollkommen ganz. Wem das klar ist, den fürchten sogar die Maras, aber wer das nicht weiß, den täuschen sogar die falschen Lehrer. [7] *Wenn zwei von gleichem Können einander mit gezücktem Schwert gegenüberstehen, bleibt der Kampf ohne Entscheidung. Es ist wie Shākyamunis Hochhalten der Blume und Kāshyapas feines Lächeln.* [8] *Andererseits: Das eine hochhalten und die anderen drei verstehen oder feinste Gewichtsunterschiede mit dem bloßen Auge ermessen zu können – das sind Beispiele für alltägliche Geschicktheit.* [9] *Wenn aber einer dies beherrscht, hat er dich schon in drei Stücke zerhauen, bevor das eine erhoben und die drei verstanden wurden. Um wieviel mehr, wenn du ihm Auge in Auge gegenübertrittst?*

Alle Menschen sind mit diesem scharfen Schwert Taia ausgerüstet, und in jedem ist es vollkommen ganz. Dies heißt, daß das scharfe Schwert Taia, das keine Klinge unter dem Himmel parieren kann, nicht nur anderen Menschen mitgegeben ist. Jeder, ohne Ausnahme, ist damit ausgerüstet, da ist niemand, zu dem es nicht paßte, und es ist vollkommen ganz.

Dies ist eine Sache des Geistes. Dieser Geist wurde nicht bei deiner Geburt geboren und wird nicht bei deinem Tod sterben. Da dem so ist, sagt man auch, er sei dein Ur-Angesicht.[10] Der Himmel kann ihn nicht verdecken, die Erde trägt ihn nicht, Feuer verbrennt ihn nicht, Wasser benetzt ihn nicht. Selbst der Wind kann ihn nicht durchdringen.

Nichts unter dem Himmel stellt für ihn ein Hindernis dar.

Wem das klar ist, den fürchten sogar die Maras, aber wer das nicht weiß, den täuschen sogar die falschen Lehrer. Wem dieses Ur-Angesicht klar geworden ist, für den gibt es nichts im Universum, was ihm den Blick verstellen könnte. Daher bietet er den übernatürlichen Kräften der Maras keinen Ansatzpunkt. Da solch ein Mensch bis auf den Grund seiner eigenen Absichten blickt, fürchten die Maras ihn und gehen ihm aus dem Weg; sie wagen es nicht, sich zu nahen. Ein Mensch aber, dem sein Ur-Angesicht unsichtbar und unverständlich ist, häuft verwirrte und verblendete Gedanken in sich an, die dann an ihm haften. Falsche Lehrer können solch einen mühelos täuschen und betrügen.

Wenn zwei von gleichem Können einander mit gezücktem Schwert gegenüberstehen, bleibt der Kampf ohne Entscheidung. Wenn zwei Menschen, die beide ihr Ur-Angesicht erkannt haben, einander mit dem gezückten Schwert Taia Auge in Auge gegenüberstünden, wäre es unmöglich, zu einer Entscheidung zu gelangen. Wer dazu eine Frage hat, dem kann man als einen ähnlichen Fall die Begegnung von Shākyamuni und Kāshyapa vor Augen führen.

Shākyamunis Hochhalten der Blume und Kāshyapas feines Lächeln. Bei der Versammlung auf dem Gridhrakuta-Gipfel hielt Shākyamuni vor seinem Hinscheiden eine rote Lotosblüte hoch. Er zeigte sie den achtzigtausend Mönchen, und sie alle schwiegen. Nur Kāshyapa lächelte. Shākyamuni erkannte, daß Kāshyapa Erleuchtung gefunden hatte; er betraute ihn mit der rechten Lehre, die unabhängig von Schriften und eine besondere Überlieferung außerhalb der Lehre ist, und erklärte, daß er das Buddha-Siegel habe.[11]

Von diesem Augenblick an wurde die rechte Lehre in Indien über achtundzwanzig Nachfolgen bis hin zu Bodhidharma übermittelt. In China gelangte es von Bodhidharma aus über sechs Nachfolgen zum Sechsten Patriarchen, dem Zen-Meister Ta-chien.[12]

Da dieser Zen-Meister als Bodhisattva inkarniert war, blühte das buddhistische Gesetz von da an in China auf; es trieb seine Blätter und Zweige aus, brachte in rascher Folge die Fünf Häuser und Sieben Schulen hervor und wurde schließlich durch den Priester Nai-chih Hsü-t'ang an die japanischen Priester Daiō und Daitō übermittelt.[13] Die Übermittlung vom Meister an den Schüler ist bis zum heutigen Tag ununterbrochen fortgesetzt worden.

Das Hochhalten der Blume und das feine Lächeln – dorthin zu gelangen ist nicht leicht, und Mutmaßungen helfen hier nicht weiter. Man muß den Atem aller Buddhas einsaugen und dabei die eigene Stimme verschlucken.

Im Grunde gibt es für dieses Prinzip keinen Ausdruck, doch wenn man eindringlich gebeten wird, könnte man es am Beispiel von Wasser verdeutlichen, das in Wasser gegossen wird, so daß die Wasser sich ununterscheidbar vermischen. Dies ist wie der Augenblick, da die Blicke von Shākyamuni und Kāshyapa sich treffen und eins werden. Da ist keine Verschiedenheit mehr.

In den Kampfkünsten aller Disziplinen gibt es unter hunderttausend nicht einen, der «das Hochhalten der Blume und das feine Lächeln» in seiner ganzen Tragweite erfaßt. Und wenn einer auch ganz fest wäre in seinem Vorsatz und wahrhaft zu verstehen begehrte, so müßte er sich doch von da an noch weitere dreißig Jahre schulen. Wer hier einen Fehler macht, der wird nicht nur kein Meister der Kampfkünste; er würde pfeilgerade zur Hölle fahren. Das ist eine wirklich beängstigende Sache.

Das eine hochhalten und die anderen drei verstehen. Dies bedeutet: Sobald ein Teil gezeigt wird, werden auch die übrigen drei augenblicklich verstanden.

Feinste Gewichtsunterschiede mit dem bloßen Auge ermessen zu können, damit ist das Wirken des Auges gemeint, das Augenmaß.

Gewichtsunterschiede sind außerordentlich fein.[14] Wer irgendeine Menge Goldes oder Silbers durch bloßes Augenmaß und ohne den kleinsten Fehler bestimmen kann, ist ein kluger und geschickter Mensch.

Das sind Beispiele für alltägliche Klugheit. Solche klugen Menschen sind nicht ungewöhnlich, ihre Zahl ist Legion, und es ist nichts Besonderes an ihnen.

Wenn einer dies beherrscht, hat er dich schon in drei Stücke zerhauen, bevor das eine erhoben und die drei verstanden wurden. Dies bezieht sich auf einen, der über den Grund für das Erscheinen des Buddha in der Welt vollkommene Klarheit gewonnen hat. Solch einer wird dich in drei Stücke zerhauen haben, bevor das eine erhoben wurde, bevor die drei verstanden wurden, bevor überhaupt ein Anzeichen zu erkennen ist. Wenn man einem solchen begegnet, kann man also vermutlich gar nichts tun.

Um wieviel mehr, wenn du ihm Auge in Auge gegenübertrittst? Wenn ein Mann von solcher Schnelligkeit und Feinheit einem anderen im Kampf begegnet, wird er den Streich mit solcher Leichtigkeit führen, daß der andere nie wissen wird, daß sein Kopf schon gefallen ist.

Ein solcher Mann entblößt die Spitze seines Schwertes nicht. Seine Schnelligkeit – nicht einmal der Blitz kann sich damit messen. Sein Wirken – selbst der Sturmwind bleibt dahinter zurück. Wem es daran gebricht, der wird sich verhaspeln oder in Verwirrung geraten und am Ende seine eigene Klinge beschädigen oder sich die Hand verletzen – wirkliche Gewandtheit erreicht er nicht. Dies ist nicht aufgrund von Eindrücken oder Erkenntnis zu erraten. Es ist nicht durch Worte zu vermitteln und nicht aufgrund einer Lehre zu erlernen. Dies ist das Gesetz der besonderen Übermittlung jenseits der Unterweisung.

Ein solcher Mann entblößt die Spitze seines Schwertes nicht. Das heißt, daß ein Meister von Anfang an niemals die Spitze seines Schwertes zeigt.

Seine Schnelligkeit – nicht einmal der Blitz kann sich damit messen. Sein Wirken – selbst der Sturmwind bleibt dahinter zurück. Was die Schnelligkeit in der Technik angeht, heißt dies, daß sogar der Blitz, der schon wieder weg ist, bevor du denken kannst, daß du ihn siehst, nicht durch die Bewegung dieses Mannes zucken könnte. Und was die Kürze des Wirkens an-geht, so verschwindet es schneller als die feinen Sandkörnchen, die der Sturm vor sich hertreibt.

Wem es daran gebricht, der wird sich verhaspeln oder in Verwirrung geraten. Ohne diese Geschicklichkeit wird er, und sei es auch nur ein wenig, dem Heben seines Schwertes folgen oder auf die rechte Haltung des Geistes achten.

Am Ende wird er seine eigene Klinge beschädigen oder sich die Hand verletzen – wirkliche Gewandtheit erreicht er nicht. Dies heißt, er wird seinem Schwert die Spitze abbrechen oder sich schneiden, und es ist nicht sehr wahrscheinlich, daß man ihn je geschickt wird nennen können.

Dies ist nicht aufgrund von Eindrücken oder Erkennt-nis zu erraten. «Eindrücke oder Erkenntnis» bezeich-net die Erkenntnis und das Unterscheiden im menschlichen Herzen. *Erraten* bedeutet erklügeln und sich zurechtlegen. Du magst dir noch so viel aufgrund deiner Eindrücke und Erkenntnis zu-rechtlegen, es wird sich als völlig unnütz erweisen. Sage dich also los vom Unterscheiden und Zurecht-legen.

Es ist nicht durch Worte zu vermitteln und nicht auf-grund einer Lehre zu erlernen. Für den in seiner Kampfkunst Vollendeten ist dies nicht durch Worte weiterzugeben. Außerdem kann man nicht durch eine Lehre vermitteln oder sich aneignen, welche Stellung man einnehmen und wie man den Streich führen muß.

Dies ist das Gesetz der besonderen Übermittlung jen-seits der Unterweisung. Es ist nicht durch Worte zu übermitteln, und es ist nicht zu lehren, welcher Methode wir uns auch bedienen mögen. Deshalb wird es die Lehre «der besonderen Übermittlung jenseits der Unterweisung» genannt. Diese Lehre steht außerhalb der Unterweisungen eines Lehrers, und sie erfordert ganz besonders das eigene Bemühen um Erleuchtung und Verwirklichung.

Wo diese große Befähigung sich manifestiert, gibt es keine auferlegten Regeln mehr. Rechtes Handeln oder Verstoß – selbst der Himmel unterscheidet es nicht. Was also ist die Natur dieser Sache? Die Alten sagten: «Wenn ein Haus kein Bild eines Pai Che hat, so ist das wie gar keine Gespenster haben.» Wenn ein Mensch sich geschmiedet und dieses Prinzip erreicht hat, wird er alles unter dem Himmel mit einem einzigen Schwert beherrschen.

Wer sich darin schult, sei nicht unbesonnen.

Es gibt keine feste Regel für die Manifestation dieses großen Wirkens.[15] Sollte das «große Wirken» des Gesetzes dieser besonderen Übermittlung sich vor deinen Augen manifestieren, so wird es das völlig frei tun, ohne daß es eine festgelegte Regel gibt. Dennoch wird es deshalb «das große Wirken» genannt, weil es sich in alle zehn Richtungen erstreckt und nirgendwo auch nur um die Spitze eines Kaninchenhaars entfernt ist. Eine festgelegte Regel ist ein Gesetz oder eine Anordnung; es gibt keine Gesetze oder Anordnungen für die Gestaltung der Dinge, die mit der Manifestation dieses großen Wirkens in Zusammenhang stehen.

Rechtes Handeln oder Verstoß – selbst der Himmel un-

terscheidet es nicht.[16] Der Mensch, an dem sich dieses große Wirken bekundet, mag recht handeln oder Verstöße begehen, er ist frei und nichts hindert ihn.

Was also ist die Natur dieser Sache? Das heißt: Jemandem entgegentreten und ihn fragen, was eine Sache tatsächlich ist.

Die Alten sagten: «Wenn ein Haus kein Bild eines Pai Che hat, so ist das wie gar keine Gespenster haben.» Dies ist eine Antwort auf die eben gestellte Frage.

Ein Pai Che hat den Körper einer Kuh und den Kopf eines Menschen, und es ist anders als alle Tiere, die man kennt. Es frißt Träume und Mißgeschicke, und in China malen sie ein Bild von ihm, das sie an der Haustür aufstellen oder innen an einen Pfosten hängen. Kurzum, das Aufstellen eines Pai-Che-Bildes hat den Zweck, Unglück fernzuhalten.

Wer von Anfang an keine Gespenster im Hause hat, käme gar nicht auf den Gedanken, ein Bild von Pai Che zu malen und es irgendwo aufzuhängen. Damit ist gesagt, daß einer, der frei über rechtes Handeln und Verstoß verfügt, jenseits von Schmerz und Lust ist, denn nicht einmal der Himmel weiß, was in seinem Geist ist. In seinem Körper und seinem Haus gibt es kein Mißgeschick. Deshalb steht ihm der Sinn nicht nach dem Bild eines Pai Che, und seine Welt wird eine Welt der Schönheit sein.

Wenn ein Mensch sich geschmiedet und dieses Prinzip erreicht hat, wird er alles unter dem Himmel mit einem einzigen Schwert beherrschen. Wenn einer sich also in dieser Weise schult, wenn er sein Metall tausendmal härtet und augenblicklich Freiheit erlangt wie ein Schwert, das gezückt wird, so sollte er wie der Begründer der Han-Dynastie sein, der alles unter dem Himmel mit einem einzigen Schwert beherrschte.

Wer sich darin schult, sei nicht unbesonnen. Wer das geheimnisvolle Prinzip dieses Schwertes zu ergründen trachtet, soll sich nicht einfach gedankenlose Ansichten zu eigen machen, sondern seinen eigenen Glanz zu vermehren trachten. Indem er sein eigenes Bemühen mit aller Kraft fortsetzt, darf er nicht nachlässig sein, nicht einen Augenblick.

ANMERKUNGEN

Die geheimnisvolle Aufzeichnung von der bewegungslosen Weisheit

1 Fudō Myōō bedeutet wörtlich «Erleuchteter König der Bewegungslosigkeit» (Skrt. Āryaachalanaātha). Er ist eine der fünf buddhistischen Gottheiten der Weisheit. Im Zen betrachtet man ihn als Manifestation des wahren Wesens aller Lebewesen.

2 Kannon, der Bodhisattva Avalokiteshvara in seiner weiblichen Erscheinungsform als Göttin des Erbarmens. In einer ihrer drei Darstellungsformen hat sie tausend Augen und tausend Hände.

3 Der Text nennt hier die zwölf Töne der in China und Japan verwendeten Tonleiter. In aufsteigender Folge sind es: *ichikotsu, tangin, hyōjō, shōzetsu, shimomu, sojō, fushō, tsukuseki, ban (dakei), banshiki, shinsen, kamimu.*

4 Bukkoku Kokushi, 1256–1316.

5 Saigyō (1118–1190): Ein Shingon-Priester der späten Heian-Zeit, berühmt als Wandermönch und hochverehrt als Dichter. Eguchi liegt heute im Stadtgebiet von Ōsaka. Saigyō soll hier eines Abends um Unterkunft gebeten und damit die Kurtisane zu diesen Worten veranlaßt haben.

6 Man könnte hier auch übersetzen «Worauf man den Geist ausrichtet» oder «konzentriert», doch wäre damit der Sinn des vom Autor gewählten Ausdrucks eingeschränkt.

7 *Kikai Tanden* (auch *Hara* genannt), ein Punkt, der in

der Leibesmitte drei Fingerbreit unterhalb des Nabels liegt, wird von manchen Taoisten als der Ort angesehen, an dem der Geist eigentlich zentriert sein sollte. Er fällt ungefähr mit dem Schwerpunkt des Körpers zusammen und wird in der Literatur der Kampfkünste häufig erwähnt.

8 Ernsthaftes Bemühen oder *Ernsthaftigkeit*, auch als *Ehrfurcht* übersetzt, bedeutet für den Neokonfuzianisten eine innere Haltung der Aufmerksamkeit und Gelassenheit im Umgang mit allen Dingen. Es ist eine erstrebenswerte Geistesverfassung, die auch ein meditatives Element enthält.

Takuan bezieht sich hier auf die *Lehrgespräche* des Meng-tzu (Buch VI, Abschnitt A, Kap. 11):

Menschenliebe ist die natürliche Gesinnung des Menschen. Pflicht ist der natürliche Weg des Menschen. Wie traurig ist es, wenn einer seinen Weg verläßt und nicht darauf wandelt, wenn einer sein Herz [seinen Geist] verlorengehen läßt und nicht weiß, wie er es wieder finden kann!

Wenn einem Menschen ein Huhn oder ein Hund verlorengeht, so weiß er, wie er sie wieder finden kann; aber sein Herz geht ihm verloren, und er weiß nicht, wie suchen. Die Bildung dient uns zu nichts anderem als nur dazu, unser verlorengegangenes Herz zu suchen.

9 Jien (1155–1225), vielfach auch unter dem Namen Jichin bekannt, war ein Dichter und Mönch der Tendai-Schule.

10 Ein Lieblingsausdruck der chinesischen Neokonfuzianisten zur Erläuterung von «Ernsthaftigkeit».

11 Mugaku (1226–1286): Ein chinesischer Priester der Linchi-(Rinzai-)Schule, der im Jahre 1278 von Hojo Tokimune nach Japan eingeladen wurde. Die hier erzählte Geschichte bezieht sich auf den Einfall der Mongolen in das Südliche Sung-Reich im Jahre 1275.

Eine *Gāthā* ist eine metrische Versdichtung, wie wir sie in den buddhistischen Sūtras häufig finden. Der gesamte Vers lautet: «Nirgendwo im ganzen Himmel, auf der ganzen Erde ein Ort, wo auch nur ein einziger Pfosten aufgestellt werden könnte./Beglückt erkenne ich: Der Mensch ist Leere, das buddhistische Gesetz ist Leere./Wie wunderbar, das drei Fuß lange Schwert des Großen Yüan!/Mit der Schnelligkeit des Blitzes/durchschlage den linden Frühlingswind.»

12 Shao K'ang-chieh (1011–1077) war ein Gelehrter in der Zeit der Nördlichen Sung-Dynastie. «Verlieren» ist hier im Sinne von «loslassen» gemeint.

13 Chung-feng (1263–1323) war ein chinesischer Zen-Priester der Yüan-Zeit.

14 Aus dem *Pi Yen Lu* («Niederschrift von der Smaragdenen Felswand»), 80. Beispiel:
Ein Mönch fragte Chao-chou: «Besitzt ein Neugeborenes auch das Sechste Bewußtsein [Denken, Intellekt; die ersten fünf Bewußtseinsarten sind die fünf Sinne]?»
Chao-chou sagte: «(Es ist) wie ein aufs schnell strömende Wasser geworfener Ball.»
Der Mönch fragte auch T'ou-tzu: «Was bedeutet ‹ein Ball, aufs schnell strömende Wasser geworfen›?»
T'ou-tzu sagte: «Bewußtsein, Bewußtsein, hört nicht auf zu fließen.»

15 Ein Gedicht am Ende des zwölften Abschnitts des *Ise Monogatari* (9. Jahrh.). Der Abschnitt lautet:
Vor langer Zeit lebte ein Mann, der einem anderen Mann dessen junge Frau geraubt hatte. Sie gingen zusammen nach Musashino, aber unterwegs sah man ihn als einen Dieb an, und der Präfekt der Provinz stellte ihm nach. Da versteckte der Mann die Frau in einem Dickicht und floh. Ein Reisender sagte: «Da ist ein Dieb in diesem Feld», und man legte Feuer, um ihn auszuräuchern. In ihrer Not rief die Frau: «Brennt heute nicht die Felder von Musashino ab./Der Gemahl und ich liegen versteckt/im Frühlingsgras.»

16 Dieses Zitat beruht auf einer Passage aus dem konfuzianischen *Buch der Sitte* (Kap. 1): «Es gibt nichts Of-

fenbareres als das Geheime, es gibt nichts Deutliche-
res als das Allerverborgenste; darum ist der Edle vor-
sichtig in dem, was er allein für sich ist.»

17 *Ranbu*: Ein Tanz, der zwischen Nō-Aufführungen
dargeboten wird.

18 *Sarugaku*, wörtlich «Affenmusik», ist eine sehr alte
Form des Dramas, Vorläufer des Nō.

Der klare Juwelenlaut

1 *Rechtschaffenheit*, möglich wäre auch «rechte Gesinnung», steht hier für den japanischen Ausdruck *gi*,
kann aber nicht als sein genaues Äquivalent angesehen
werden. *Rechtschaffenheit* darf auf keinen Fall in jener
Nebenbedeutung verstanden werden, in die man im
Westen nur allzu leicht abgleitet: die «Selbstgerech-
tigkeit», die immer dazu neigt, die Fehler anderer an-
zuprangern und zu korrigieren. Es geht vielmehr
darum, durch Selbstbetrachtung, Schulung und Disziplin zuerst den eigenen Geist zurechtzusetzen. Das
führt dann durchaus nicht dazu, daß man andere zu
bekehren oder Anhänger zu gewinnen versucht; es
gibt im Gegenteil viele Geschichten im Zen und in
den Kampfkünsten, die erzählen, wieviel Geduld und
Beharrlichkeit man mitunter braucht, wenn man
Schüler eines Meisters werden möchte.

2 Beim Sterben besteht das Prinzip darin, den Grund
und die rechte Weise des Sterbens zu erkennen.

3 Ch'eng Ying und Ch'u Chiu: Zwei Vasallen des Hauses Chao Shu während der Frühling-und-Herbst-
Periode (770–403 v. Chr.). Sie hatten erfahren, daß
ein Minister die gesamte Chao-Familie ausrotten
wollte, und schmiedeten einen Plan: Ch'u Chiu und
sein Sohn, der dem Thronfolger ähnlich sah, würden
einen Fluchtversuch vortäuschen und dabei getötet

werden; Ch'eng Ying würde derweil mit dem echten Sohn in die Berge fliehen. Der Plan glückte, und viel später gelang es dem echten Thronfolger, jenen abtrünnigen Minister zu stürzen und die Linie der Chao fortzusetzen. Da erzählte Ch'eng Ying die ganze Geschichte am Grab von Ch'u Chiu und tötete sich dann selbst.

4 Po I und Shu Ch'i: Zwei Brüder, die in den letzten Tage der Yin-Dynastie (1766–1122 v. Chr.) lebten. König Wu aus dem Hause Chou hatte sich zum Ziel gesetzt, den letzten Kaiser der Yin zu töten, und die Brüder redeten ihm ins Gewissen, es sei nicht recht, daß ein Vasall seinen Herrn tötet. Der Rat wurde nicht angenommen, und König Wu setzte die Chou-Dynastie ein. Die Brüder, die es als Schande empfunden hätten, die Gerste der Chou zu essen, flohen zum Berg Shouyang, wo sie nichts als Farne aßen, bis sie schließlich verhungerten.

5 Die Sechs Begierden: Sie werden erregt durch die sechs Sinne des Sehens, Hörens, Riechens, Schmeckens, Berührens und Denkens; oder durch die sechs Sinnesbetörungen, ausgelöst von Farbe, Gestalt, Haltung, Stimme, weicher Haut und schönen Zügen.

6 Aus dem Sūtra des Goldenen Lichts: «Der absolute Körper des Buddha ist wie die Leere. Die Manifestation der Form als Widerhall der stofflichen Welt ist wie der Mond im Wasser.»

7 Die Zwölf Glieder in der Kette des Daseins, auch Kette der Verursachung genannt: Nichtwissen, Handeln, Bewußtsein, Name-und-Form, die sechs Sinnesorgane, Berührung, Empfindung, Begierde, das Ergreifen, das Werden, Geburt und schließlich Alter und Tod. Beim Nichtwissen anfangend, ruft jedes Glied das nächste hervor; wird also das Nichtwissen (Unwissenheit) beseitigt, so werden Alter und Tod nicht eintreten.

8 Li Po (Li T'ai Po, 701–762) war einer der großen

Dichter der T'ang-Zeit. Das Zitat ist die Einleitung zu seinem Gedicht «Festschmaus im Pfirsichgarten in einer Frühlingsnacht». Dieser Satz stammt aus dem *Chuang-tzu*: «Dies Leben ist wie ein Traum; dieser Tod ist wie ein Strom.»

9 *Ding* ist hier im Sinne von «Phänomen» zu verstehen.

10 Ein Sprichwort aus der T'ang-Zeit.

11 Ippen Shōnin (1239–1289) war der Begründer der Jōdo-Schule des Reines-Land-Buddhismus.
Hottō Kokushi (1207–98) war ein Mönch der Rinzai-Schule, der im Jahre 1249 nach China reiste.

12 *Namu Amida Butsu*, «Verehrung dem Buddha Amitābha», ist die meditative Rezitationsformel vor allem der Schulen des Reines-Land-Buddhismus.

13 Kogaku Oshō (1465–1548) war ein Rinzai-Mönch, der den Kaiser Go-Nara im Zen unterwies.

14 Die *Zehn Wesenseigenschaften* können dem *Lotos-Sūtra* zufolge auch mit «so» übersetzt werden; gemeint ist also die «Soheit» der Dinge.

15 Die *Zehn Welten* können auch als Zustände oder unwandelbare Aspekte allen Lebens aufgefaßt werden. Für manche sind verschiedene Bezeichnungen in Gebrauch:
Hunger: Hungrige Geister (Skrt. Preta), die Leiden und Foltern unterschiedlichen Grades ausgesetzt sind.
Zorn: Dämon (Skrt. Asura). Niedere Gottheiten, Feinde der Götter, nach der Hindu-Mythologie stets im Kampf mit dem Gott Indra.
Himmel: Bereich der Götter (Skrt. Deva). Hier ernten die Tugendhaften den Lohn ihres guten Karma, aber sie schreiten nicht voran zur Erleuchtung des Bodhisattva.
Gelehrsamkeit: Gelehrter, wörtl. «Hörer» (Skrt. Shrāvaka). Ursprünglich ein Schüler des Buddha, der selbst dessen Unterweisungen gehört hat; später allgemein ein Anhänger des Hīnayāna-Buddhismus.
Verwirklichung: «Selbst-verwirklichter Buddha»

(Skrt. Pratyeka-Buddha). Einer, der allein und aus eigener Kraft Einsicht in die Kette der Verursachung (vgl. Anm. 7) gewonnen hat und daher auch «Einsam Erwachter» genannt wird.

Bodhisattvaschaft: Im Unterschied zum Shrāvaka und Pratyeka-Buddha trifft ein Bodhisattva die Entscheidung, im Kreislauf der Wiedergeburt zu bleiben, um anderen und sich selbst zur vollkommenen Erleuchtung zu verhelfen. Wie der Shrāvaka kann er Laie oder Ordinierter sein.

16 Die Wesen der sechs niederen Bereiche in der Verblendung, die der vier höheren erlangen mehr oder weniger tiefe Erleuchtung.

17 Skrt. *Avatamsaka-Sūtra*, jap. *Kegon-kyō*.

18 Buddhaschaft *(Bukka)*, wörtl. die «Wirkung» (Frucht) des Buddha. Die Schriftzeichen für *ka* = Wirkung und *ka* = Frucht werden nicht nur gleichlautend gesprochen, sondern sind einander auch so ähnlich, daß sie auf den folgenden Seiten Anlaß zu leider unübersetzbaren Wortspielen geben.

19 Im nordöstlichen Japan gab es früher den Brauch, Heckenkirschenranken an der Tür des Hauses anzubringen, in dem die Erwählte wohnte. Nahm sie die Ranke ins Haus, so zeigte sie damit ihre Bereitschaft zu einem Stelldichein. Tat sie es nicht, so brachte der Verehrer immer weitere Ranken – bis zu tausend.

20 Mit dem «Silberberg», auf dem der Fuß keinen Halt findet, und der schier undurchdringlichen «Eisenwand» wird im Zen jene «Schranke» bezeichnet, vor der der Übende sich vor einem Durchbruch findet – ein Zustand, in dem man nicht vor noch zurück weiß und wo keine der gewöhnlichen Fähigkeiten mehr weiterhilft.

21 Die Fünf Wurzeln sind die fünf Sinnesorgane: Augen, Ohren, Nase, Zunge und Körper (vgl. Anm. 5).

22 Bewußtsein (Skrt. *vijñāna*). Mit diesem sechsten

Wahrnehmungssinn ist der Geist im weitesten Sinne gemeint, vor allem aber das Denkvermögen.

23 *Fan-i Ming-i Chi:* Ein Sanskrit-Chinesisches Wörterbuch in sieben Kapiteln aus der Sung-Zeit.

Annalen des Schwertes Taia

1 Die kursiv gesetzten Abschnitte sind in knappem chinesischem Stil abgefaßt und bilden das Herzstück des *Taiaki.* Die auf japanisch abgefaßten Zwischentexte dienen in der Hauptsache der Auslegung der chinesischen Abschnitte.

2 Der «Standpunkt des wahrnehmbaren Ich», also die *persönliche Anschauung,* ist ein buddhistischer Begriff für die individuelle Sicht aufgrund der irrigen Anschauung, daß das Ego, das persönliche Ich, real sei und die Dinge wirklichkeitsgetreu wahrnehmen könne.

3 «Weltverehrter» ist einer der zehn Titel des historischen Buddha Shākyamuni. Die «Schneeberge» sind der Himālaya.

4 Der Buddha soll unmittelbar nach seiner Geburt mit der zum Himmel erhobenen Rechten jeweils sieben Schritte in die vier Himmelsrichtungen getan und dabei diese Worte gesprochen haben.

5 Dieser buddhistische Ausdruck bezieht sich auf Situationen, in denen man durch seine Haltung Achtung gebietet. Die Vier Haltungen stehen hier für alle Lebenslagen des Menschen, deren Gesamtzahl mit achtzigtausend angegeben wird.

6 «Erschaffene Phänomene» gehen auf das Wirken des Karma-Gesetzes zurück. Die «unerschaffenen» sind unabhängig vom Handeln, vom Wort und vom Willen.

7 Mara ist ein Dämon, die wörtliche Übersetzung seines Namens lautet «Räuber des Lebens». Die Rede ist

hier von Deva Mara, der vom Sechsten Himmel aus die Praxis des Buddhismus behindert.

8 Kāshyapa oder Mahākāshyapa, berühmt für seine strenge Selbstdisziplin, war einer der zehn Hauptschüler des Buddha und leitete nach dessen Tod die Mönchsgemeinschaft. Dem Zen gilt er als der erste Patriarch in der indischen Linie der Zen-Tradition.

9 Der genaue Sinn dieser Stelle ist schwer zu klären. Grammatisch scheint «das eine und die drei» auf Shākyamuni und Kāshyapa bezogen zu sein, doch dies scheint im Gesamtzusammenhang keinen Sinn zu ergeben.

Wahrscheinlich verweist diese Wendung auf die *Gespräche* des K'ung-tzu. Dort heißt es in Buch VII, 8: «Der Meister sprach: ‹Wer nicht strebend sich bemüht, dem helfe ich nicht voran, wer nicht nach dem Ausdruck ringt, dem eröffne ich ihn nicht. Wenn ich eine Ecke zeige, und er kann es nicht auf die anderen drei übertragen, so wiederhole ich nicht.›»

Der zweite Teil des Satzes stammt aus dem bereits erwähnten *Pi Yen Lu:* «Das eine hochhalten und die anderen drei verstehen, feinste Gewichtsunterschiede mit dem bloßen Auge ermessen können – diese sind der gewöhnliche Tee und Reis des buddhistischen Mönchs.»

10 «Ur-Angesicht» ist die ursprüngliche, unverfälschte Natur des Geistes, nicht verdorben durch menschliches Sinnen und Trachten.

11 Die Unabhängigkeit von Schriften und die besondere Übermittlung außerhalb der (orthodoxen) Lehre – das sind zwei der wichtigsten Grundsätze im Zen. Sie betonen, daß man selbst Einsicht in das eigene wahre Wesen gewinnen muß, anstatt sein Heil in den Texten oder in der Belehrung durch andere zu suchen.

12 Bodhidharma war der erste Patriarch des Ch'an (Zen) in China. Er soll im Jahre 470 oder 520 n. Chr. von Indien nach China gekommen sein.